Jörg Hillmann | Die Schlacht im Atlantik 1939–1945

Kriege der Moderne

Herausgegeben vom Zentrum für Militärgeschichte und Sozialwissenschaften der Bundeswehr

Jörg Hillmann

Die Schlacht im Atlantik 1939–1945

Reclam

Zentrum für Militärgeschichte und Sozialwissenschaften der Bundeswehr, Fachbereich Publikationen (0884-01)

2024 Philipp Reclam jun. Verlag GmbH,
Siemensstraße 32, 71254 Ditzingen
Umschlaggestaltung: Philipp Reclam jun. Verlag GmbH
Umschlagabbildung: Von deutschen U-Booten torpedierter alliierter Tanker im Atlantik, 1942 – © Everett Collection / Bridgeman Images
Druck und Bindung: Firmengruppe APPL, aprinta druck GmbH,
Senefelderstraße 3–11, 86650 Wemding
Printed in Germany 2024
RECLAM ist eine eingetragene Marke der
Philipp Reclam jun. GmbH & Co. KG, Stuttgart
ISBN 978-3-15-011460-5

www.reclam.de

FSC
www.fsc.org
MIX
Papier | Fördert gute Waldnutzung
FSC® C004592

Alle CO_2-Emissionen, die beim Druckprozess unvermeidbar entstanden sind, haben wir durch ein Klimaschutzprojekt ausgeglichen.

Nähere Informationen finden Sie hier:

Druckerzeugnis
CO2e-Emissionen ausgeglichen

natureOffice.com/DE-239-NJUBNXR

Inhalt

Anhang

↗ Der Schwere Kreuzer »Blücher« war eines der neuesten Schiffe der deutschen Kriegsmarine.

1 Auf nach Oslo

Abschied von Kiel: Am 4. April 1940 um 14 Uhr verlässt das Panzerschiff »Lützow« voll ausgerüstet die Kieler Förde durch den Nord-Ostsee-Kanal und liegt tags darauf in Wilhelmshaven. Der Kommandant, Kapitän zur See August Thiele, hält den von Großadmiral Erich Raeder gezeichneten Operationsbefehl in Händen: Führen von Handelskrieg im Atlantik.

Doch es kommt anders – alle verfügbaren Marineeinheiten werden mobilisiert, um das Unternehmen »Weserübung«, die Besetzung der neutralen Länder Dänemark und Norwegen, zum Erfolg zu führen. Auch die »Lützow« wird gebraucht, Atlantikkriegführung hin oder her. Das Schiff wird der »Kriegsschiffgruppe 2« zugeordnet, mit dem Ziel Trondheim. Aber Thiele ist in einer misslichen Lage. Sein Schiff ist mit 28 Knoten Höchstgeschwindigkeit langsamer als das Führerschiff »Admiral Hipper« mit seinen 32 Knoten und die ebenfalls zur Gruppe gehörenden vier Zerstörer, die bis zu 36 Knoten laufen können. Die »Lützow« wäre extrem gefährdet und könnte sich einer Feindberührung nur schwer entziehen, was ihren eigentlichen Auftrag, in den Atlantik durchzubrechen, unmöglich machen würde. Als ein Hilfsmotor ausfällt, meldet Thiele dem Flottenchef, dass die Höchstgeschwindigkeit des Schiffes nur noch 23 Knoten beträgt. Das Oberkommando der Kriegsmarine plant um. Die »Lützow« wird der »Kriegsschiffgruppe 5« unter Führung von Konteradmiral Oskar Kummetz zugeordnet, der seinen Stander an Bord der »Blücher« gesetzt hat. Diese Gruppe hat den Auftrag, Oslo im Handstreich einzunehmen.

Thiele reagiert rasch, denn auf der Pier stehen 400 Gebirgsjäger und 50 Luftwaffensoldaten, die mit ihrem Gerät auf die Verschiffung nach Trondheim warten – kurzerhand wird entschieden, die Soldaten nach Oslo mitzunehmen. Kurz vor Mitternacht legt die »Lützow« ab und verlegt durch den Nord-Ostsee-Kanal zurück in die Ostsee. Einige Besatzungsangehörige verstehen nicht, was gerade vor sich geht: Es sollte doch in den Atlantik gehen und nicht in die Ostsee! Als die »Lützow« am 7. April gegen 15 Uhr in der Strander Bucht vor Anker geht, bleiben die eingeschifften Landser unter Deck. Thiele wird zur Lagebesprechung an Bord des Schweren Kreuzers »Blücher« befohlen. Die »Kriegsschiffgruppe 5« besteht aus dem Führerschiff »Blücher« sowie der »Lützow« und dem Leichten Kreuzer »Emden«; gesichert werden sie von den Torpedobooten »Albatros«, »Kondor« und »Möwe«. Der Auftrag ist eindeutig: Verlegen nach Oslo, Anlanden der eingeschifften Heeres- und Luftwaffensoldaten, die die norwegische Verwaltung in Oslo übernehmen, Widerstand niederkämpfen und den norwegischen König Haakon VII. festsetzen sollen. Um den Zielhafen zu verschleiern, erhält die Kriegsschiffgruppe den Tarnnamen »Oldenburg«.

Der Verband lichtet am 8. April um 3 Uhr die Anker und läuft in Kiellinie mit einer Marschgeschwindigkeit von 18 Knoten Richtung Großer Belt. Angesichts von Minensperren und Bedrohungen durch U-Boote wächst die Anspannung an Bord der Schiffe und Boote. Im Kattegat – der Verband ist um zwei Vorpostenboote verstärkt worden – entgeht die »Lützow« knapp einer Katastrophe: Das auf der Lauer liegende britische U-Boot »HMS Trident« feuert einen Fächer aus zehn Torpedos auf die »Lützow« ab. Siegessicher setzt der britische Kommandant alle seine Torpedos ein, um das lohnende Ziel zu versenken. Er verfehlt es aber, da die »Lützow« den Kurs um 90 Grad ändert – die Taktik des Zickzackkurses bewährt sich.

Kapitän zur See August Thiele (1893–1981), Kommandant der »Lützow«, Aufnahme Januar 1941

Konteradmiral Oskar Kummetz (1891–1980) befehligte die »Oldenburg«-Gruppe, Aufnahme Januar 1941.

Um 23:25 Uhr meldet der Osloer Rundfunksender, dass die norwegische Marineleitung angewiesen habe, alle Leuchtfeuer im Oslo-Fjord zu löschen. Die Norweger sind also vorgewarnt. Den Inhalt der mitgehörten Radiomeldung teilt Thiele dem Führerschiff mit und rät Kummetz, mit Höchstgeschwindigkeit durch den Oslo-Fjord zu fahren, um rasch die Drøbak-Enge zu passieren. Doch der Verbandsführer ignoriert den Ratschlag des erfahrenen Kommandanten. Er hält an seinen Befehlen fest: Drøbak wird erst bei Tagesanbruch passiert. Selbst die Meldung, dass die norwegische Luftwaffe in Alarmbereitschaft versetzt worden ist, stimmt ihn nicht um. Immer noch glaubt er, mit der »Blücher« in Oslo ohne massive Gegenwehr einlaufen zu können.

Dann gehen die Leuchtfeuer im Oslo-Fjord aus. Die Navigation wird immer schwieriger, an Höchstfahrt ist nicht mehr zu denken. Der abgedunkelte Verband tastet sich voran. Unerwartet stellt sich ihnen das norwegische Küstenwachboot POL III entgegen und leuchtet den Verband an. Jetzt gilt es, schnell zu reagieren, damit das Wachboot keinen Funkspruch absetzen kann. Die »Albatros« fährt mit 24 Knoten auf das Küstenwachboot zu, das ihr einen Schuss vor den Bug setzt. Kapitänleutnant Siegfried Strelow, Kommandant der »Albatros«, hält jedoch weiterhin auf POL III zu, als dieses seinen Kurs ändert und dem deutschen Torpedoboot vor den Bug läuft. Die Kollision ist heftig. Beide Schiffe dümpeln nebeneinander, als der Kommandant des norwegischen Küstenwachbootes, Leif Welding-Olsen, per Megaphon fordert: »Übergeben Sie Ihr Schiff, oder ich schieße!«

Strelow befiehlt, das Wachboot anzuleuchten, und erkennt, dass die zwei 10,5-cm-Geschütze gefechtsbereit auf die »Albatros« zielen. Er gibt den Feuerbefehl. Der Gegner erwidert das Feuer. Schließlich ist das Küstenwachboot zusammengeschossen. An Bord bietet sich ein grausames Bild: Überall liegen Gefallene zwischen den Trümmerteilen, unter ihnen der Kommandant. Die »Albatros« rettet zwölf norwegische Marinesoldaten, drei weitere waren bereits an Bord gesprungen, als sie das Wachboot rammte. Strelow beschließt, POL III zu versenken, und feuert einige Salven auf den bereits zerschossenen Schiffskörper. Überzeugt, dass das Wachboot sinken wird, dampft er ab, überlässt das Wrack seinem Schicksal und schließt zum Verband auf.

Die »Blücher« passiert wenig später die Lichtsperre zwischen den Inseln Rauöy und Bolärne. Die ersten Küstenbatterien eröffnen das Feuer, erzielen aber keine Treffer. Jedem an Bord des Verbandes ist nun klar, dass die Norweger sich nicht ohne Gegenwehr ergeben werden. In sicherer Entfernung ordnet der Verbandsführer die Umschiffung von Soldaten auf die Torpedo- und Vorpostenboote an. In völliger Dunkelheit ein waghalsiges Unterfangen. Um 3 Uhr läuft der Verband Richtung Norden mit langsamer Fahrt weiter. Während Kummetz an seinem Zeitplan festhält, ahnen viele, was passieren wird: Bei Tagesanbruch stehen die Schiffe wie auf einem Präsentierteller in der stark befestigten Enge von Drøbak. Aus der Vorahnung, dass dort ein Hinterhalt wartet, wird in der Dämmerung gegen 5:30 Uhr Gewissheit. Die Scheinwerfer von Drøbak leuchten die »Blücher« an. Die Küstenbatterien auf Kaholmen eröffnen das Feuer ebenso wie die 15-cm-Geschütze der Festung Oscarsborg. Die »Blücher« erhält gravierende Treffer mittschiffs in die Backbordseite und verliert ihre schwere Artillerie. Sie kann sich nur

In den frühen Morgenstunden des 9. April 1940 verstärkte sich die Schlagseite der »Blücher«. Sie sank, Überlebende retteten sich ins Wasser.

noch mit den schweren und leichten Flugabwehrkanonen wehren. Der Kommandant der »Blücher«, Kapitän zur See Heinrich Woldag, will sich mit »voller Kraft voraus« aus dem Wirkungsfeld der starken Festungsartillerien befreien, fängt sich aber zwei Torpedos ein. Die Ruderanlage klemmt bei *Hart Backbord,* die Maschinenanlage fällt aus. An Bord kommt es zu Detonationen und Bränden.

Auch die »Lützow« wird schwer getroffen und zieht sich mit dem Rest des Verbandes zunächst zurück. Über das Schicksal der »Blücher« herrscht zu diesem Zeitpunkt im Verband Unklarheit. Nur einmal noch funkt der Schwere Kreuzer: »Kommandant ›Lützow‹ übernimmt das Kommando über die ›Oldenburg‹-Gruppe!« Thiele entschließt sich, weitere Soldaten in der Sonsbucht auszuschiffen. Von dort sollen sie sich in Richtung Norden durchschlagen und die Festungsanlage von Drøbak niederkämpfen. Die Festungsanlage von Oscarsborg und die Festungsinsel Kaholmen sollen von der Luftwaffe vernichtet werden.

Allerorts im Oslo-Fjord treffen deutsche Soldaten, verstärkt durch Marine-Landungstrupps, auf starken Widerstand. Erst am Abend des 9. April klärt sich die Lage. Es gelingt mithilfe der Vorpostenboote, die rund 200 Überlebenden der »Blücher« zu retten, die nass und frierend auf der Insel Askolmen oder auf dem Festland Zuflucht gesucht haben. Unter ihnen ist auch Admiral Kummetz. Die »Blücher« war morgens um 7:32 Uhr gesunken – ihre erste und zugleich letzte Einsatzfahrt endete im Oslo-Fjord. Der von der Wehrmachtführung erhoffte Überraschungsangriff auf Oslo blieb aus, der norwegische König sowie Teile der Regierung hatten Oslo verlassen. Die Annahme, die Norweger würden sich nicht wehren, war eine Fehleinschätzung. Die Absicht der Wehrmachtführung, wirkungsvoll mit dem neuesten Großkampfschiff in Oslo einzulaufen, kostete 830 Besatzungsangehörige und einen Großteil der eingeschifften Soldaten das Leben. Aber die Fehlentscheidungen des Führers der »Kriegsschiffgruppe 5« blieben folgenlos – Kummetz wurde stattdessen mit dem Ritterkreuz ausgezeichnet.

Erst am 10. April um 8:45 Uhr passierten die »Lützow«, »Emden«, »Möwe« und die 1. Räumflottille die Drøbak-Enge, die nun in deutscher Hand war. Sie legten gegen 11:45 Uhr an der Festung Akershus in Oslo an. Thiele erhielt den Befehl, die »Emden«, ein Torpedoboot und die 1. Räumflottille zurückzulassen, um den Oslo-Fjord zu sichern. Mit seinem Schiff sollte er im Geleit von zwei Torpedobooten nach Kiel zur Instandsetzung fahren. Die »Lützow« sollte so schnell wie möglich wieder einsatzbereit sein, um Handelskrieg im Atlantik zu führen. Diese Form der Seekriegführung war eine Lehre aus dem Ersten Weltkrieg. Eingeschlossen in der Nordsee, hatte die Kriegsmarine Großbritannien zur See nicht wie erhofft schlagen können. In dem nun begonnenen Expansions-, Raub- und bald auch Vernichtungskrieg wollte sie durch die Versenkung möglichst vieler Handelsschiffe die Inselmacht in die Knie zwingen.

↗ **Markiert den Beginn des Zweiten Weltkrieges: der Beschuss der Westerplatte durch das Linienschiff »Schleswig-Holstein« am 1. September 1939.**

2 Wege in den Atlantik

Der Krieg beginnt

In den Morgenstunden des 1. September 1939 beschoss das Linienschiff »Schleswig-Holstein« polnische Stellungen auf der Danziger Westerplatte, die Luftwaffe legte die polnische Ortschaft Wielún in Schutt und Asche und das Heer überschritt die Grenze zu Polen: Aus dem deutschen Überfall auf Polen entwickelte sich bald ein europäischer Krieg und ab Ende 1941 ein Weltkrieg.

Als die Kriegserklärungen Großbritanniens und Frankreichs am 3. September in Berlin eintrafen, notierte der Oberbefehlshaber der Kriegsmarine, Großadmiral Erich Raeder, im Kriegstagebuch der Seekriegsleitung, dass die Überwasserstreitkräfte nur mit Anstand sterben könnten, da sie zahlenmäßig zu schwach und die wenigen U-Boote nicht kriegsentscheidend seien. Doch auch wenn der Krieg gegen Großbritannien zu früh kam, war die Kriegsmarine trotz ihrer Unterlegenheit bereit zu kämpfen. Im Gegensatz zum Ersten Weltkrieg, als die Flotte aus der Sicht vieler Zeitgenossen ›nutzlos‹ in den Häfen gelegen

Großadmiral Erich Raeder (1876–1960)

hätte, sollte ihr nicht noch einmal der Vorwurf gemacht werden, versagt zu haben.

Unerwähnt ließ Raeder, dass er seit Erlass der »Weisung für den Fall Weiß« – so der Deckname für den von Hitler befohlenen Überfall auf Polen – im April nicht nur Richtlinien für den Krieg gegen den östlichen Nachbarn, sondern seit Anfang August auch für einen Krieg gegen Großbritannien hatte erarbeiten lassen. Die Kriegsmarine wollte sowohl in der Ostsee, als auch im Atlantik Krieg führen. Das Panzerschiff »Deutschland« hatte daher am 24. August Wilhelmshaven verlassen und in den Nordatlantik verlegt. Deren Schwesterschiff, die »Admiral Graf Spee«, war bereits drei Tage zuvor Richtung Südatlantik in See gestochen. Ebenfalls hatten 18 U-Boote Wilhelmshaven und Kiel verlassen und Wartepositionen bezogen. Eines davon war U 30 unter dem Kommando von Kapitänleutnant Fritz-Julius Lemp, das bei Kriegsbeginn vor der irischen Nordküste in See stand.

Als Lemp am Nachmittag des 3. September den britischen Passagierdampfer »Athenia« entdeckte, der mit 1102 Passagieren und 315 Besatzungsangehörigen an Bord auf dem Weg von Liverpool nach Quebec

U-30-Kommandant Fritz-Julius Lemp (l., 1913–1941) informierte Konteradmiral Karl Dönitz (r., 1891–1980) nach seiner Ankunft in Wilhelmshaven über den »Athenia«-Fall. Dönitz gab die Torpedierung des Passagierschiffes erst während der Nürnberger Prozesse zu, Aufnahme August 1940.

Kampfraum Nordatlantik
Hudson-Bay
Grönland
(dän.)
0 500 1 000 1 500 2 000 2 500 km
0 250 500 750 1 000 1 250 NM (Seemeilen)
KANADA
Neufundland
VEREINIGTE
STAATEN
VON AMERIKA
ATLANTISCHER
OZEAN
Bermudas
(brit)
Golf von
Mexiko
Bahamas
(brit)
KUBA
MEXICO
HAITI
DOM.
REP.
Puerto Rico
(USA)
21
GUATEMALA
HONDURAS
Jamaica
(brit)
Karibik
Martinique
(franz.)
22
NICARAGUA
COSTARICA
PANAMA
KOLUM-
BIEN
VENEZUELA
brit.
Guyana
niederl.
franz.
Kapverdische I
(port.)

Darstellung Staatsgrenzen 1939
① ESTLAND
② LETTLAND
③ LITAUEN
④ DÄNEMARK
⑤ NIEDERLANDE
⑥ BELGIEN
⑦ LUXEMBURG
⑧ Protektorat Böhmen und Mähren
⑨ SLOWAKEI
⑩ SCHWEIZ
⑪ UNGARN
⑫ BULGARIEN
⑬ Albanien (ital.)
⑭ Palästina (brit.)
⑮ Transjordanien (brit.)
⑯ Eritrea (brit.)
⑰ Jemen (brit.)
⑱ Französisch Somaliland
⑲ Britisch Somaliland
⑳ Italienisch Somaliland
㉑ Britisch Honduras
㉒ EL SALVADOR
Barentssee
Nordmeer
Jan Mayen (nor.)
FINN-LAND
Färöer Ins. (dän.)
NORWEGEN
Shetland- Ins. (brit.)
SCHWEDEN
Nord-see
Ostsee
GROSS-BRITANNIEN
IRLAND
SOWJETUNION
DEUTSCHES REICH
POLEN
FRANK-REICH
RUMÄNIEN
JUGOS-LAWIEN
Schwarzes Meer
Kasp. Meer
Korsika
ITALIEN
SPANIEN
PORTUGAL
Balearen
Sardinien
TÜRKEI
GRIECHEN-LAND
Mittel-
meer
Sizilien
Kreta
Gibraltar (brit.)
Ceuta (span.)
Tunesien (franz.)
Malta (brit)
Zypern (brit)
SYRIEN (franz.)
IRAN (brit)
IRAK (brit)
Marokko (franz.)
Algerien (franz.)
Libyen (ital.)
ÄGYPTEN
SAUDI-ARABIEN
Rotes Meer
FRANZÖSISCH-WESTAFRIKA
Gambia (brit)
Äquatorial-Afrika (franz.)
Angloägyptischer Sudan (brit)
Hadra-maut (brit)
Togo (franz.)
Portugiesisch Guinea
Nigeria (brit)
Goldküste (brit)
Kamerun (franz.)
Abessinien (ital.)
LIBERIA
©ZMSBw 08656-08

war, ging er fälschlicherweise davon aus, dass es sich um einen Truppentransporter handelte, denn das Schiff fuhr abgedunkelt Zickzackkurse. Lemp griff bei Dunkelheit an. Von drei abgefeuerten Torpedos traf einer das Achterschiff. Als der Kommandant aufgrund der Notrufe erkannte, dass er ein Passagierschiff angegriffen hatte, lief er augenblicklich von der Unglücksstelle ab. Die »Athenia« sank am Vormittag. 112 Menschen, darunter 16 Kinder, kamen ums Leben – die übrigen Passagiere und Besatzungsangehörigen konnten durch den britischen Zerstörer »HMS Escort« und zivile Handelsschiffe gerettet werden. Lemp meldete den Vorgang nach seiner Rückkehr in Wilhelmshaven. Bis dahin hatte der Reichsminister für Volksaufklärung und Propaganda Joseph Goebbels die Versenkung bereits der Royal Navy in die Schuhe geschoben und sie als britische Provokation bezeichnet. Bei dieser Version blieb man. Die Kriegsmarine vertuschte die Angelegenheit und fälschte das Schiffstagebuch. Erst nach Kriegsende wurde der Fall öffentlich.

Wenig später, am 19. September, gelang U 29 hingegen ein schwerer Schlag gegen die Royal Navy. Mit zwei Torpedos versenkte es den Flugzeugträger »HMS Courageous«. Einen Monat später, in der Nacht vom 13. auf den 14. Oktober, versenkte U 47 mit seinem Kommandanten Günther Prien in Scapa Flow, dem Hafen der britischen Home Fleet, das Schlachtschiff »HMS Royal Oak«. Bei dem Angriff starben 34 britische Offiziere und 809 Marinesoldaten. Die NS-Propaganda stilisierte die Versenkung des Flaggschiffs zu einem Prestigesieg und Prien, der für sein erfolgreiches Unternehmen das Ritterkreuz erhielt, zum ersten »U-Boot-Ass«.

Während U-Boote seit Kriegsbeginn Kriegsschiffe und Truppentransporter bekämpfen durften, standen Handelsschiffe zunächst noch unter »Führervorbehalt«. Auf Antrag Raeders genehmigte Hitler jedoch bereits am 23. September das »warnungslose Vorgehen gegen einwandfrei feindliche Handelsschiffe (außer ausgesprochenen Passagierdampfern) wegen anzunehmender Bewaffnung«.

Die »Deutschland« versenkte am 5. Oktober den ersten britischen Dampfer und am 14. Oktober einen norwegischen Frachter. Beide Schiffe waren angehalten und durch Prisenkommandos überprüft worden. Deren Ladung, die für Großbritannien bestimmt war, wurde als Kriegsgut klassifiziert. Der Kommandant der »Deutschland«, Kapitän zur See Paul Wenneker, entschloss sich, keines der Schiffe als Prise (frz. *prise* =

Rückkehr von U 47 unter Kapitänleutnant Günther Prien (1908–1941), Ende Oktober 1939

das Genommene) zu nehmen. Sonst hätte er das Prisenkommando an Bord der aufgebrachten Schiffe belassen müssen, um es mit eigener Kraft in einen eigenen Hafen als Kriegsbeute zu verbringen. Er gab stattdessen den Befehl, die Besatzungen der aufgebrachten Schiffe an Bord zu nehmen und die Schiffe zu versenken. Am 15. November kehrte die »Deutschland« nach Kiel zurück und wurde in »Lützow« umbenannt. So entging man der Gefahr, ein Schiff mit dem Namen »Deutschland« zu verlieren. Ein Verlust hätte dem Gegner propagandawirksam in die Hände gespielt und in der deutschen Öffentlichkeit als schlechtes Omen verstanden werden können.

Das Panzerschiff »Admiral Graf Spee« hingegen operierte seit Kriegsbeginn im Südatlantik. Die »Altmark«, ein 12 000-Tonnen-Trossschiff, versorgte sie dabei fernab der Schifffahrtsrouten regelmäßig mit Kraftstoff, Munition und Verpflegung. Darüber hinaus übernahm sie auch die gefangengenommenen Seeleute versenkter Schiffe. Zwischen dem 30. September und dem 7. Dezember fielen der »Admiral Graf Spee« neun britische Handelsschiffe mit einer Gesamttonnage von über 50 000 Bruttoregistertonnen (BRT) zum Opfer. Die britische Admiralität wusste seit dem 6. Oktober von der Anwesenheit eines deutschen

»Admiral Graf Spee« bei einer Ausbildungsfahrt im Frühjahr 1939, hinten die »Deutschland«

Kriegsschiffes im Südatlantik und hatte bereits Kampftruppen aufgestellt, die dieses jagen sollten – in den Weiten des Südatlantiks ein fast unmögliches Unterfangen.

Zudem hatte die Kriegsmarine zur Entlastung der »Graf Spee« die beiden Schlachtschiffe »Gneisenau« und »Scharnhorst« in den Nordatlantik entsandt. Unter Führung von Vizeadmiral Wilhelm Marschall gingen sie vom 21. bis 27. November 1939 gegen die *Northern Patrol* vor, d.h. jene Einheiten, die, wie im Ersten Weltkrieg, versuchen sollten, das Deutsche Reich von den Weltmeeren abzuschneiden. Die »Scharnhorst« versenkte am 23. November den britischen Hilfskreuzer »Rawalpindi« zwischen Island und den Färöer-Inseln. Nach dessen Notruf setzten die Briten ein starkes Flottenaufgebot in Marsch. Ihre Suche blieb allerdings erfolglos, da sich die deutschen Schlachtschiffe ins Nordmeer absetzten, am 26. November bei schwerem Wetter unbemerkt durch die Shetland-Bergen-Enge fuhren und nach Kiel zurückkehrten. Zudem war die Royal Navy in der Nordsee und im Nordatlantik stark gebunden: Sie musste Konvois schützen, um die Versorgung der britischen Insel sicherzustellen. Deutsche Minenfelder und U-Boot-Aktivitäten entlang der britischen Ostküste beeinträchtigten den Handelsschiffsverkehr erheblich. Darüber hinaus operierte immer noch ein deutsches Panzerschiff im Südatlantik. Erst als ein norwegischer Frachter am 6. Dezember dessen Position nach London meldete, änderte sich die Lage. Die britische Admiralität informierte die vor der südamerikanischen Ostküste operierende »Force G«.

Sieben Tage später stieß die »Graf Spee« auf den britischen Verband. Der Kommandant Kapitän zur See Hans Langsdorff glaubte, dass es sich um Sicherungsfahrzeuge eines Handelsschiffskonvois handelte. Tatsächlich aber stand die »Graf Spee« dem britischen Schweren Kreuzer »HMS Exeter«, dem kanadischen Leichten Kreuzer »HMCS Ajax« und dem neuseeländischen Leichten Kreuzer »HMNZS Achilles« gegenüber. Ein Ausweichen war nicht möglich – Langsdorff suchte das Gefecht, was er gemäß Operationsbefehl vermeiden sollte. »HMS Exeter« wurde schwer beschädigt und fiel aus. Auch die Leichten Kreuzer erhielten Treffer. Dennoch konnten sie der »Graf Spee« erhebliche Schäden zufügen. Einen Sieger gab es nicht. Die »Graf Spee« war allerdings nicht mehr in der Lage, den Rückmarsch nach Deutschland anzutreten. Langsdorff suchte Zuflucht im Hafen von Montevideo. Das neutrale, aber britisch-freundliche Uruguay verwehrte ihm aber eine ausreichend lange Verweildauer, um Reparaturmaßnahmen durchzuführen.

Der Kommandant war nun in einer schwierigen Lage: Liefe er trotz der schweren Schäden am Schiff aus, würde dieses von überlegenen britischen Kräften zusammengeschossen und geriete in feindliche Hände. Das durfte wegen der geheimen Technik an Bord nicht geschehen. Zudem mehrten sich Berichte, dass sich gegnerische Schiffe vor der Mündung des Rio de la Plata sammelten. Langsdorff entschloss sich daher, die Besatzung in Buenos Aires internieren zu lassen. Am 17. Dezember versenkte er das Schiff vor dem Rio de la Plata. Drei Tage später nahm er sich in Buenos Aires das Leben. Dies sollte ein Zeichen sein, dass er bereit war, für den Verlust des Schiffes die Verantwortung zu übernehmen.

Infolge dieser Ereignisse erließen Hitler und Großadmiral Raeder den Befehl, künftig bis zur letzten Granate zu kämpfen. In diesem Befehl sehen viele die Ursache dafür, dass fortan zur See bis zum Letzten

Kapitän zur See Hans Langsdorff (1894–1939) mit Besatzungsmitgliedern der »Graf Spee« in Buenos Aires nach der Selbstversenkung des Panzerschiffs, Dezember 1939

gekämpft worden sei. Allerdings forderten die deutschen Operationsbefehle ausdrücklich, das eigene Schiff auf keinen Fall in feindliche Hände fallen zu lassen. Genau dies verhinderte aber eine Selbstversenkung. Bereits seit dem 11. November 1926 war das Verbot, vor dem Feind die weiße Fahne zu stecken, in den Vorschriften verankert und am 9. Oktober 1935 bestätigt worden. Raeders Befehl hatte aufgrund des Kriegszustandes sicher eine andere Tonalität als die Formulierungen der Vorkriegsjahre. Inhaltlich aber bekräftigte er das gängige Selbstverständnis: Die Übergabe des Schiffes an den Feind war ausgeschlossen – die Selbstversenkung hingegen nicht. Ursächlich für diesen Befehl mag auch Hitlers Wut darüber gewesen sein, dass die »Graf Spee« das Gefecht abgebrochen hatte, anstatt die »HMS Exeter« gänzlich zu vernichten.

Die strategische Ausrichtung der Kriegsmarine

Ende 1939 konnte die Marineführung trotz des geringen Kriegsschiffsbestandes mit den Ergebnissen des Seekrieges zufrieden sein. Die Versenkung gegnerischer Handelsschiffstonnage blieb zwar hinter den Erwartungen zurück, aber die Kriegsmarine, der eigentlich eine eher untergeordnete Rolle zugedacht gewesen war, hatte Erfolge zu verzeichnen. Einen wichtigen Beitrag dazu leisteten auch die Unterseeboote der Typen II (»Einbaum«), VII und IX. Letztere zwei U-Boot-Klassen operierten vornehmlich im Nordatlantik und bedrohten die gegnerischen Seeverbindungslinien. So versenkte U 48 unter seinem Kommandanten Kapitänleutnant Herbert Schultze in den ersten vier Kriegsmonaten bei drei Feindfahrten zwölf Schiffe mit über 77 000 BRT. Im Kriegsverlauf wurde U 48 zum erfolgreichsten deutschen Unterseeboot: Auf insgesamt zwölf Unternehmungen versenkte es 52 Schiffe und vernichtete über 307 000 BRT.

Die frühen Erfolge bestätigten den Befehlshaber der U-Boote (BdU), Konteradmiral Dönitz, darin, mehr U-Boote zu fordern. Dies konnte er bereits am 23. September und am 10. Oktober 1939 bei Hitler durchsetzen. Da jedoch die materiellen Ressourcen des Deutschen Reiches nicht ausreichten, verzögerte sich der Aufwuchs der U-Bootwaffe. Sorgen bereiteten auch die zahllosen Torpedoversager durch fehlerhafte Zünder, die viele Versenkungen vereitelten, sowie die rechtzeitige Verlegung von Seeminen vor der Ostküste Großbritanniens. Zudem war es der Royal Navy gelungen, nachdem eine im zu seichten Wasser abgeworfene Mine »freigefallen« war, den Zündmechanismus zu analysieren und wirksame Gegenmaßnahmen zu entwickeln.

Neben diesen technischen und organisatorischen Problemen kam es innerhalb der Seekriegsleitung zu Auseinandersetzungen über die operativen Planungen für die Nordsee. Der wenig Widerspruch duldende Oberbefehlshaber trennte sich kurzerhand von seinem Flottenchef Admiral Hermann Boehm. Dabei übersah die Seekriegsleitung, dass es gelungen war, die operative Ausrichtung zu schärfen. Denn mit nur wenigen Einheiten konnte sie die Royal Navy umfassend ›beschäftigen‹. Langsdorff drückte dies im August 1939 folgendermaßen aus: »Wir werden den Fliegenden Holländer spielen, einmal hier auftauchen und dann wieder da erscheinen, im Sinne des Kreuzers ›Emden‹.« Langsdorff knüpfte damit an die im ausgehenden 19. Jahrhundert entwickelten Lehren des französischen Admirals Théophile Aube an. Kleine Marinen, so dessen Auffassung, hatten gegenüber größeren Marinen eine Chance auf Erfolg, wenn sie mithilfe von Torpedo- und U-Booten sowie umfangreichen Minenfeldern Seekrieg im Küstenvorfeld führten.

Blick in eine Montagehalle für Seeminen: Die Verlegung von Seeminen stockte immer wieder, Mai 1940.

Schnelle, gepanzerte Kreuzer sollten zugleich gegnerische Handelsschiffe auf den wichtigsten Schifffahrtsrouten angreifen. Diese Strategie, deren Ziel die Wirtschaft des Gegners, nicht dessen Flotten, war, würde zahlenmäßig überlegene Marinen zur »Diversion«, also zur Aufteilung ihrer Streitkräfte, zwingen, um die Bedrohung zu beseitigen.

Auch wenn viele Seekriegstheoretiker den Erfolg der defensiven Strategie bezweifelten, ging kein Weg an der Erkenntnis vorbei, dass die Zeit der alles entscheidenden Seeschlacht vorbei war – eine Neuauflage der Skagerrakschlacht von 1916 schien undenkbar. Und so wie Großbritannien mit der erneuten Errichtung der Fernblockade an den Ausgängen der Nordsee Wirtschaftskrieg gegen NS-Deutschland führte, wollte dieses die Seemacht durch die »gleiche Methode brutaler Wirtschaftskriegführung«, so Raeder am 6. Oktober 1939, in die Knie zwingen. »Je früher Beginn und je brutaler, umso früher die Wirkung, umso kürzer der Krieg.«

Ungeachtet aller Überlegungen hatte die Kriegsmarine vorerst auch keine Alternative zu dieser Form der Seekriegführung. Die großen

Z-Plan (Gesamtbestand inkl. bestehender Einheiten) – Ziel 1945/46						
Schlachtschiffe	Kreuzer	Panzerschiffe	Flugzeugträger	Schwere Kreuzer	Leichte Kreuzer	Spähkreuzer
10	10	3	4	5	12	20
Zerstörer	Torpedoboote	U-Boote	Schnellboote	Minensuchboote	Minenräumboote	U-Jäger
58	78	249	75	112	50	12

Neubauten waren nicht fertig. Nach dem 1938/39 erarbeiteten maritimen Rüstungsplan (Z-Plan) sollte sie erst 1945/46 ihre Schlagkraft unter Beweis stellen können. Der Kriegsbeginn machte diese Planungen zunichte.

Der Blick auf den Globus zeigt zudem das generelle Dilemma, in dem sich die Seekriegsleitung befand: Um die eigenen Seeverbindungen wirksam schützen und die Diversionswirkung entfalten zu können, mussten die Einheiten zunächst in den Atlantik gelangen – und, viel schwieriger, auch wieder zurück, denn alle Instandsetzungshäfen befanden sich an der Nordsee- bzw. an der Ostseeküste. Damit war jeder Aufmarsch gefährlich und meist schnell vom Gegner aufgeklärt.

Im Ersten Weltkrieg war das Kaiserreich von den Briten durch eine Fernblockade abgeschnitten worden. Die Schiffe der Kaiserlichen Marine operierten nach der Skagerrakschlacht in Wilhelmshaven und Kiel als *fleet in being*: Allein durch ihre Anwesenheit hielten sie die Royal Navy davon ab, die deutschen Küsten zu beschießen, die wichtigen Seewege im Küstenvorfeld und insbesondere in der Ostsee zu bedrohen oder auf Borkum bzw. in Pommern Truppen anzulanden. Bereits in der Reichsmarine der Weimarer Republik waren Überlegungen angestellt worden, wie die geostrategische Lage verbessert werden könnte. Dabei spielten Länder wie Dänemark und Norwegen oder Inseln wie die Färöer und Island eine wichtige Rolle, sofern nicht ein direkter Atlantikstützpunkt errichtet werden könnte. Häfen wie Brest und das spanische El Ferrol kamen als Stützpunkte ebenso in Betracht wie Häfen an der afrikanischen Westküste – zu diesem Zweck sollten die ehemaligen deutschen Kolonien zurückgefordert werden.

Raeder hielt nach den Erfahrungen im Ersten Weltkrieg ebenfalls

Stützpunkte für notwendig. Bereits am 10. Oktober 1939 teilte er Hitler mit, dass die Sowjetunion eine Bucht in der Nähe von Murmansk für die Stationierung eines Werkstattschiffes zur Verfügung stellen wolle. Aber auch die »Gewinnung von Stützpunkten an norwegischer Küste (Drontheim) mithilfe russischen Drucks« hielt er für die U-Bootkriegführung für erforderlich. Eine langfristige sowjetische Lösung lehnte Raeder ab. Umso stärker wandte er sich im Laufe des Winters 1939/40 Norwegen zu. Informationen, nach denen die Briten planten, mit norwegischer Zustimmung in Norwegen einzumarschieren, spielten in seinen Überlegungen eine Rolle. Er war überzeugt, dass die Norweger ihre Neutralität weder wahren könnten noch wollten. Entscheidend war jedoch die Erweiterung der Operationsbasis der Kriegsmarine, die dadurch den freien Zugang in den Atlantik erhalten würde und die Sicherung der von Nordnorwegen verschifften schwedischen Eisenerzlieferungen. Diese Aspekte hielt Raeder jedoch gegenüber Hitler zunächst geheim.

Norwegen als Sprungbrett in den Atlantik?

Nachdem am 30. November die Rote Armee Finnland angegriffen hatte, sprach am 11. Dezember 1939 der Führer der rechtsextremen norwegischen Partei *Nasjonal Samling*, Vidkun Quisling, auf Vermittlung des ›Chefideologen‹ der NSDAP, Alfred Rosenberg, mit Raeder. Quisling bot ihm Stützpunkte als Gegenleistung für eine militärische Intervention in Norwegen an und hoffte dadurch auch seine eigene innenpolitische Position zu stärken. Die Befürchtungen Quislings, dass Norwegen sowohl von der Sowjetunion als auch von Großbritannien angegriffen und besetzt werden könnte, teilte Raeder und trug sie am folgenden Tag Hitler vor.

Am 27. Januar 1940 befahl Hitler, einen Operationsplan für die Besetzung Dänemarks und Norwegens unter dem Decknamen »Weserübung« ausarbeiten zu lassen. Immer mehr Berichte bestätigten die Absicht der britischen Admiralität, Finnland im Kampf gegen die Sowjetunion über die nordnorwegischen Häfen zu Hilfe zu eilen. Dies beschleunigte die Vorbereitungen der Kriegsmarine ebenso wie ein Zwischenfall in den Hoheitsgewässern des neutralen Norwegen. Dem Trossschiff »Altmark«, ehemals der Versorger der »Graf Spee«, war es

Ankunft deutscher Truppen in Trondheim, im Hintergrund die »Admiral Hipper«, 9./10. April 1940

König Georg VI. (1895–1952) und Königin Elisabeth (1900–2002) im Gespräch mit britischen Seeleuten, die im Februar 1940 auf dem deutschen Schiff »Altmark« inhaftiert waren.

gelungen, sich aus dem Südatlantik durch die Dänemark-Straße, die Meerenge zwischen Grönland und Island, bis an die norwegische Küste durchzuschlagen. An Bord befanden sich immer noch die im Südatlantik übernommenen 299 britischen Seeleute von Schiffen, die die »Graf Spee« versenkt hatte. Am 16. Februar 1940 brachte der britische Zerstörer »HMS Cossack« das Trossschiff unter Missachtung der Neutralität im Jössingfjord auf und befreite die Briten. Die »Altmark« wurde schließlich von den Norwegern freigegeben und Ende März nach Kiel zur Reparatur geschleppt. Den Überfall auf die »Altmark« schlachteten die Deutschen propagandistisch mit der Botschaft aus, dass Norwegen seine Neutralität nicht verteidigen könne.

Drei Tage später, am 19. Februar 1940, befahl Hitler die Vorbereitungen zur »Weserübung«; der 9. April wurde zum »Wesertag« erklärt. Insgesamt war die Operation als »friedliche Besetzung« gedacht, sollte aber einer britischen Einflussnahme zuvorkommen. An der Verantwortung des NS-Regimes, vor allem der Kriegsmarine, für diesen Überfall ändert sich dadurch nichts. Das Unternehmen »Weserübung« war, so der Historiker Michael Salewski, »Ausdruck des Willens zur ›totalitären Aggression‹«.

Die Wehrmachtführung plante zeitgleich die Offensiven im Westen. Doch während der Feldzug im Westen sorgfältig und langfristig geplant worden war, wirkte die »Weserübung« wie ein Zufallsunternehmen. Für die Wehrmacht stellte der Nebenkriegsschauplatz Norwegen, wie das Unternehmen »Weserübung« selbst, eine schwere Belastung dar.

Das galt auch für die Kriegsmarine, die den Transport der sechs Divisionen nach Norwegen übernehmen und sichern sollte – zwei weitere sollten Dänemark auf dem Landweg erreichen. Mehrere Kriegsschiffgruppen sollten zeitgleich die Häfen in Oslo, Stavanger, Kristiansand, Bergen, Trondheim, Egersund, Arendal und Narvik anlaufen und mit eingeschifften Truppen der »Ersten Welle« einnehmen, die aus Teilen der 3. Gebirgsdivision sowie der 69. und 163. Infanteriedivision zusammengesetzt war. Eine Minensperre im Skagerrak und neun U-Boot-Gruppen mit 28 U-Booten, die vor britischen Stützpunkten und vier norwegischen Häfen operierten (Unternehmen »Hartmut«), unterstützten das Unternehmen. Als Ferndeckung dienten die »Gneisenau« und »Scharnhorst« in der nördlichen Nordsee.

In einer zweiten Welle sollten dann zunächst 3761 Mann, 672 Pferde, 1377 Fahrzeuge und 6000 Tonnen Material nachgeführt werden. 270 Handelsschiffe transportierten bis Mitte Juni 1940 über 100 000 Mann, 16 000 Pferde, 20 000 Fahrzeuge und 100 000 Tonnen Nachschub nach Norwegen. Dabei wurden 21 Schiffe versenkt, 2000 Mann kamen ums Leben.

Nach erfolgreicher Einnahme der norwegischen Hafenstädte sollten die Marineeinheiten zurückverlegt werden und für weitere Aufgaben zur Verfügung stehen. Die Planung sah vor, lediglich einige Sicherungsfahrzeuge in den norwegischen Häfen und Fjorden zurückzulassen. Die meisten großen Überwassereinheiten gingen nach der Unternehmung allerdings nicht wie erhofft in den Einsatz, sondern aufgrund erheblicher Schäden zurück in deutsche Werften.

In der Rückschau mag die »Weserübung« ein deutscher militärischer Erfolg gewesen sein, weil das Ziel des Unternehmens erreicht wurde. Für die Kriegsmarine waren die Verluste jedoch erheblich: Zehn Zerstörer, ein Torpedoboot, vier U-Boote sowie die großen Kriegsschiffe

Die Besetzung Norwegens: »Weserübung Nord«, 7.–9. April 1940

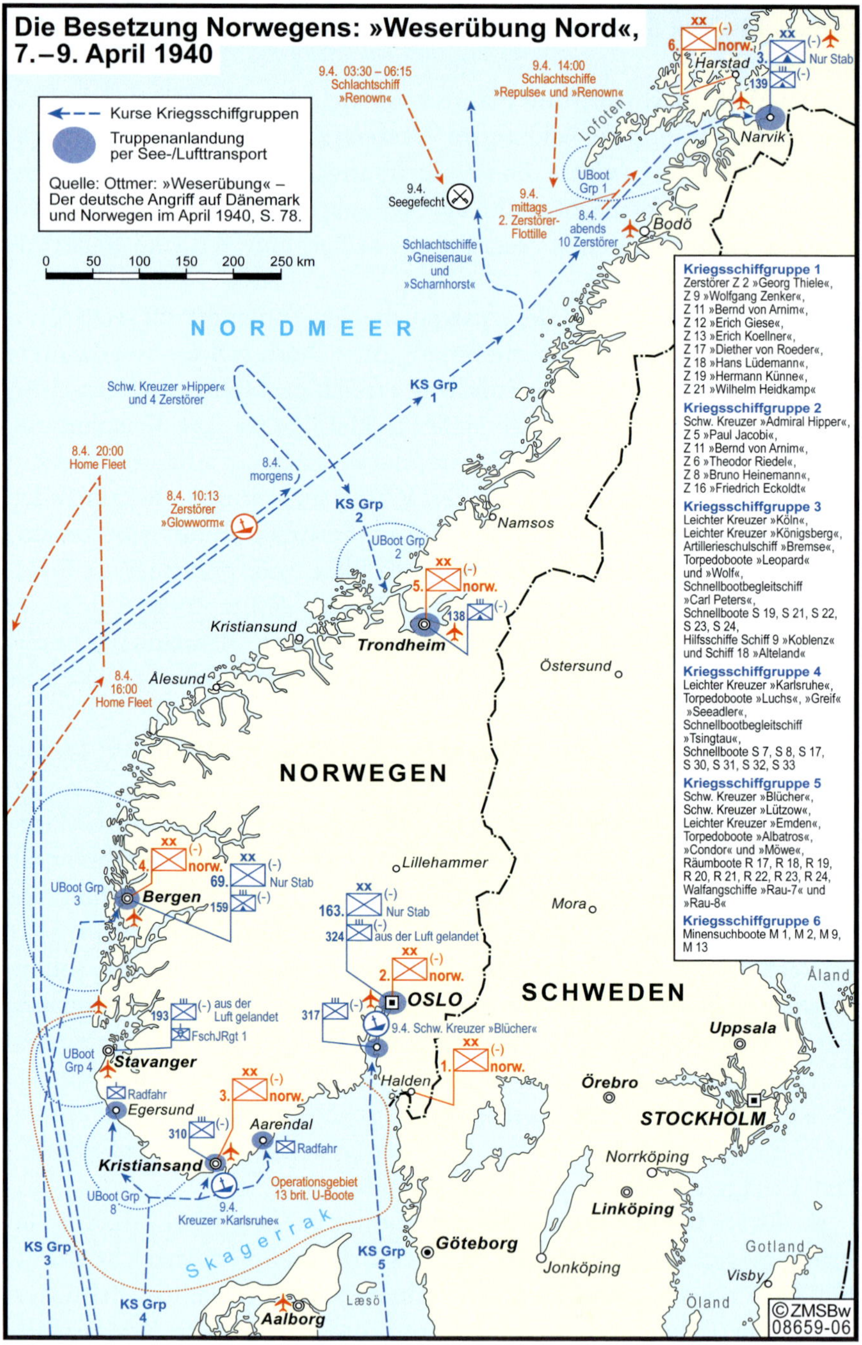

Die Besetzung Dänemarks: »Weserübung Süd«, 9./10. April 1940

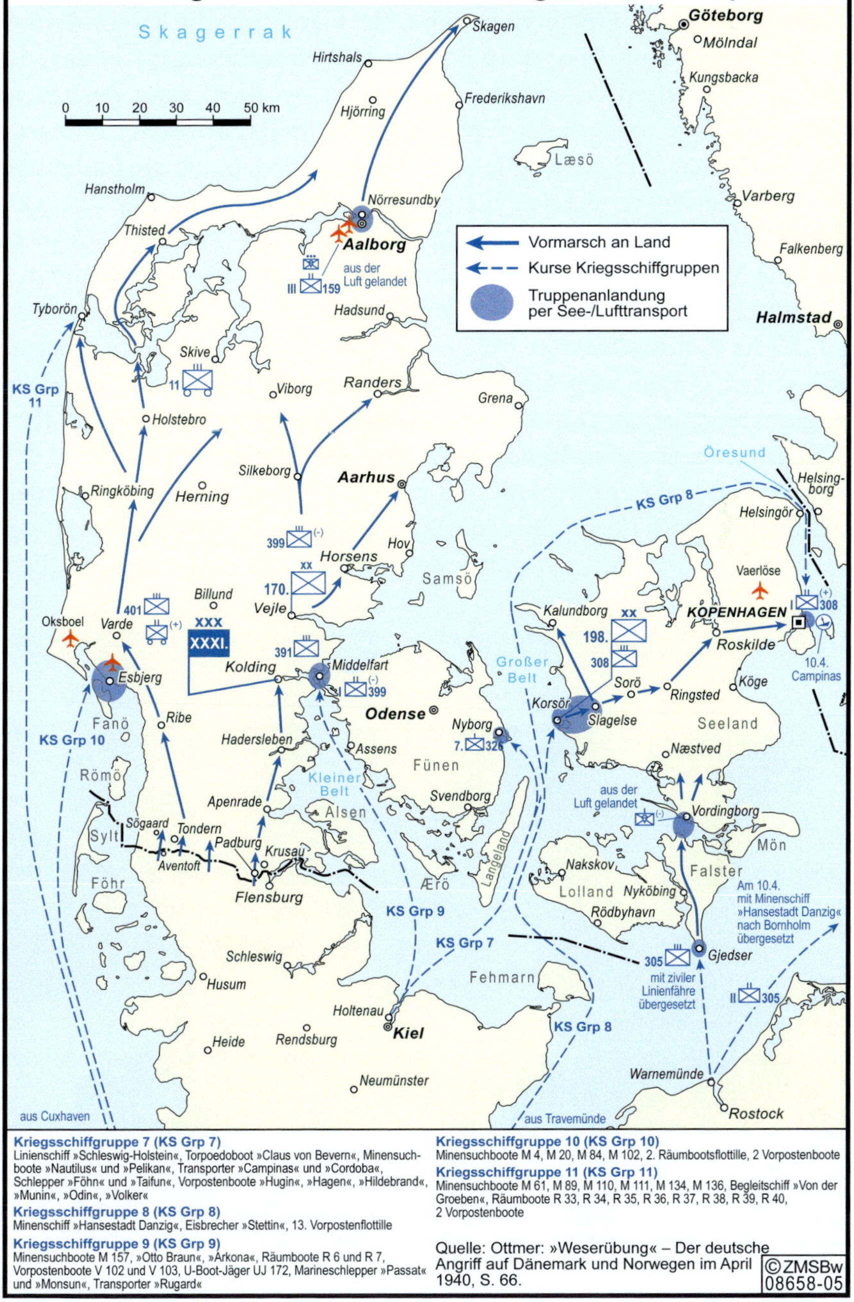

Kriegsschiffgruppe 7 (KS Grp 7)
Linienschiff »Schleswig-Holstein«, Torpoedoboot »Claus von Bevern«, Minensuchboote »Nautilus« und »Pelikan«, Transporter »Campinas« und »Cordoba«, Schlepper »Föhn« und »Taifun«, Vorpostenboote »Hugin«, »Hagen«, »Hildebrand«, »Munin«, »Odin«, »Volker«

Kriegsschiffgruppe 8 (KS Grp 8)
Minenschiff »Hansestadt Danzig«, Eisbrecher »Stettin«, 13. Vorpostenflottille

Kriegsschiffgruppe 9 (KS Grp 9)
Minensuchboote M 157, »Otto Braun«, »Arkona«, Räumboote R 6 und R 7, Vorpostenboote V 102 und V 103, U-Boot-Jäger UJ 172, Marineschlepper »Passat« und »Monsun«, Transporter »Rugard«

Kriegsschiffgruppe 10 (KS Grp 10)
Minensuchboote M 4, M 20, M 84, M 102, 2. Räumbootsflottille, 2 Vorpostenboote

Kriegsschiffgruppe 11 (KS Grp 11)
Minensuchboote M 61, M 89, M 110, M 111, M 134, M 136, Begleitschiff »Von der Groeben«, Räumboote R 33, R 34, R 35, R 36, R 37, R 38, R 39, R 40, 2 Vorpostenboote

Quelle: Ottmer: »Weserübung« – Der deutsche Angriff auf Dänemark und Norwegen im April 1940, S. 66.

»Blücher«, »Königsberg« und »Karlsruhe« gingen verloren. Die größten Verluste nach dem Einlaufen in den Oslo-Fjord erlitt die Kriegsmarine in den Kämpfen um Narvik zu Beginn der »Weserübung«: Überlegene britische Einheiten versenkten dort vom 9.–13. April zehn Zerstörer. Die Royal Navy konnte in der Folgezeit ungehindert britische, französische, polnische und norwegische Truppen anlanden, die die Einheiten der Wehrmacht erfolgreich bis an die schwedische Grenze zurückdrängten. Erst nach deren Erfolgen im Krieg gegen Frankreich, Belgien und die Niederlande zogen die alliierten Verbände bis zum 8. Juni ab. Ein weiteres Verbleiben im Norden Norwegens erschien aussichtslos, zumal die Wehrmacht inzwischen den Süden des Landes erobert hatte. Allerdings kamen auch die großen Einheiten der Kriegsmarine nicht ungeschoren davon: Die »Gneisenau« hatte in einem Gefecht mit dem Schlachtkreuzer »HMS Renown« Treffer abbekommen, und die »Lützow« erhielt auf dem Rückmarsch nach Kiel einen Torpedotreffer, der das Schiff manövrierunfähig machte. Insgesamt waren 1317 tote, 1604 verwundete und 2375 vermisste deutsche Soldaten zu beklagen. Die

In der Schlacht um Narvik verlor die Kriegsmarine alle zehn Zerstörer, die im Hafen lagen.

Marine verlor mehr als ein Drittel ihres Schiffsbestandes, die Luftwaffe 242 Maschinen. Die Verluste der Alliierten waren noch höher: Auf See starben 2500 britische Seeleute, an Land 1896 Briten, 1335 Norweger, 530 Franzosen und die gleiche Zahl Polen.

Die Besetzung Norwegens änderte die seestrategische Ausgangslage der Kriegsmarine grundlegend. Die Seekriegsleitung stellte Ende Mai 1940 fest, dass man nun nicht mehr aus dem »entlegenen Winkel eines Randmeeres« heraus operieren müsse, sondern über die norwegischen Stützpunkte durch die Schottland-Grönland-Passage in den Atlantik gelangen könne – diese könnten die Briten nicht vollständig abriegeln. Raeder hielt an seiner Idee fest, die schweren Kriegsschiffe im Atlantik einzusetzen. Gegenüber Hitler stellte er immer wieder heraus, dass ein Gesamtsieg nur mit der Kriegsmarine möglich wäre. Allerdings fürchtete er, dass Hitler die Notwendigkeit vor allem der Schlachtschiffe in Frage stellen könnte. In einem Erlass Ende Mai 1940 merkte er an: »Eine Kriegsmarine, welche in kühnem Einsatz gegen den Feind geführt wird und hierbei Verluste erleidet, wird nach dem Siege in vergrößertem Umfange wieder erstehen. Hat sich dieser Einsatz aber nicht gefunden, so wird ihre Existenz auch nach dem gewonnenen Kriege bedroht sein.«

Dieses Denken erinnert an das Prinzip »Stirb und Werde« nach dem Ersten Weltkrieg, als die Existenz der Vorläufigen Reichsmarine Mitte 1920 ungewiss gewesen war. Für diese Krise verantwortlich war die Tatsache gewesen, dass die Kaiserliche Marine aus der Perspektive vieler Zeitgenossen kaum etwas zum Kriegsverlauf beigetragen hatte, sondern mit den Unruhen im November 1918 zum »Totengräber« des Kaiserreiches geworden war. Das »Trauma 1918« durfte sich nicht wiederholen – diese Grundeinstellung bestimmte das Denken und Handeln der Offiziere der Reichs- und Kriegsmarine.

Anfang Juni 1940 führte Admiral Wilhelm Marschall von Bord der »Gneisenau« einen Verband mit der »Scharnhorst«, »Admiral Hipper« und vier Zerstörern in das Unternehmen »Juno«. Dieser diente der seeseitigen Entlastung der deutschen Garnison in Narvik durch Angriffe auf den Einschiffungshafen des britischen Expeditionskorps Harstad und die dort liegenden Truppentransporter. Auf dem Weg in das Operationsgebiet änderte sich jedoch die Lage, da die Alliierten aus Norwegen abzogen. Admiral Marschall beschloss daher, alliierte Transporte zu suchen und anzugreifen. Dem Verband gelang es, den britischen – aller-

Versenkung des britischen Truppentransporters »Orama« am 8. Juni 1940 durch den Schweren Kreuzer »Admiral Hipper«

dings leeren – Truppentransporter »Orama«, den Tanker »Oil Pioneer« und den Minensucher »HMS Juniper« zu versenken.

Der deutsche Verband lief von Trondheim immer wieder zu kleineren Unternehmungen aus. Am 8. Juni gelang es »Gneisenau« und »Admiral Hipper«, den britischen Flugzeugträger »HMS Glorious« und die beiden eskortierenden Zerstörer »HMS Acasta« und »HMS Ardent« zu versenken. Über 1500 britische Seeleute verloren ihr Leben, nur 45 überlebten. Vor ihrer Versenkung konnte »HMS Acasta« allerdings einen der zahlreichen abgefeuerten Torpedos erfolgreich ins Ziel bringen: die »Scharnhorst« wurde an der Steuerbordseite schwer getroffen. 48 Marinesoldaten fanden den Tod, 2500 Tonnen Wasser drangen in das Schiff ein und der hintere Turm fiel aus. Angehörige des Werkstattschiffes »Huascaran« reparierten die »Scharnhorst« notdürftig. Das angeschlagene Schiff verlegte begleitet von Zerstörern nach Kiel, wo es am 20. Juni 1940 eintraf.

Admiral Marschall unternahm mit dem in Trondheim verbliebenen Verband zwei Vorstöße, die beide erfolglos verliefen; allerdings erhielt die »Gneisenau« am 20. Juni einen Torpedotreffer des britischen U-Boo-

Torpedotreffer auf der »Gneisenau« durch das britische U-Boot »HMS Clyde«

tes »HMS Clyde«, sodass sie behelfsmäßig instand gesetzt werden musste, bevor sie ebenfalls nach Kiel verlegte.

Nach der Instandsetzung sollten die reparierten Schlachtschiffe unter Führung von Admiral Günther Lütjens zum Handelskrieg in den Nordatlantik auslaufen. Lütjens war bereits Anfang Juli 1940 zum Nachfolger von Admiral Marschall ernannt worden, dessen Verhalten während des Unternehmens »Juno« der Seekriegsleitung missfallen hatte.

Angriff im Westen und Folgen für die Kriegsmarine

Obwohl der Krieg in Norwegen keineswegs gewonnen war, griff die Wehrmacht am 10. Mai 1940 im Westen an. Hauptziel war Frankreich, das dem Deutschen Reich nach dem deutschen Überfall auf Polen zusammen mit Großbritannien am 3. September 1939 den Krieg erklärt hatte. Um Frankreich in einem schnellen Krieg zu schlagen, überfiel die Wehrmacht die neutralen Beneluxländer. Die Niederlande kapitulierten am 14., Belgien am 28. Mai. Luxemburg stand bereits seit dem 10. Mai unter deutscher Militärverwaltung. Am 22. Juni 1940 unterzeichnete Frankreich in Compiègne den deutsch-französischen Waffenstillstandsvertrag.

Der Sieg der Wehrmacht im Westen veränderte die Landkarte Westeuropas auch in strategischer Hinsicht. So wie die Wehrmacht nun nicht mehr fürchten musste, wie im Ersten Weltkrieg einen Zweifrontenkrieg zu führen, hatte die Kriegsmarine endlich beide »Tore in den Atlantik« in der Hand: Nach der norwegischen auch die französische Westküste einschließlich der Kanalhäfen. Deren Besitz hatten viele kaiserliche Admirale in einem zukünftigen Krieg mit Großbritannien für notwendig gehalten. Der Kriegsmarine eröffneten sich damit gänzlich neue Möglichkeiten für eine atlantische Seekriegführung. Die Häfen der Niederlande, Belgiens und Nordfrankreichs waren zudem für eine Invasion der britischen Insel von großem Nutzen. Von Brügge, Ostende, Rotterdam, Antwerpen, Dünkirchen, Calais, Boulogne, Le Havre und Cherbourg sollten Invasionskräfte das südliche England erobern, nachdem sie durch Marineeinheiten und zivile Schiffe angelandet worden wären. Allerdings entschied Hitler, gegen Großbritannien zunächst einen Luftkrieg zu führen.

Bereits unmittelbar nach dem deutsch-französischen Waffenstillstand schickte die Seekriegsleitung Erkundungstrupps in die französischen Atlantikhäfen. Da die Franzosen ihre eigene Infrastruktur teilweise zerstört und ihre Flotte in Sicherheit gebracht hatten, war viel Aufbauarbeit notwendig, um die Häfen für die Kriegsmarine nutzbar zu machen. Am 9. Oktober 1940 entschied Raeder, Brest als Hauptstützpunkt für die Großkampfschiffe auszubauen. Neben Brest sollten in anderen Häfen wie Lorient oder Saint-Nazaire Reparatureinrichtungen und Liegeplätze geschaffen werden.

Am 18. Dezember 1940 überschattete jedoch die »Weisung Nr. 21 – Fall Barbarossa« alle Aktivitäten im Westen – Hitler hatte den Befehl zur Vorbereitung des Angriffs auf die Sowjetunion erteilt. Zu diesem Zeitpunkt befand sich das mittlerweile zum Schweren Kreuzer umklassifizierte ehemalige Panzerschiff »Admiral Scheer« in den Weiten des Atlantiks. Es war ihm gelungen, Anfang November unbemerkt den Nordatlantik zu erreichen und dort den von Halifax kommenden Geleitzug HX84 anzugreifen. Fünf Handelsschiffe und ein Hilfskreuzer mit über 33 000 BRT wurden vernichtet. Nachschub für die »Admiral Scheer« lie-

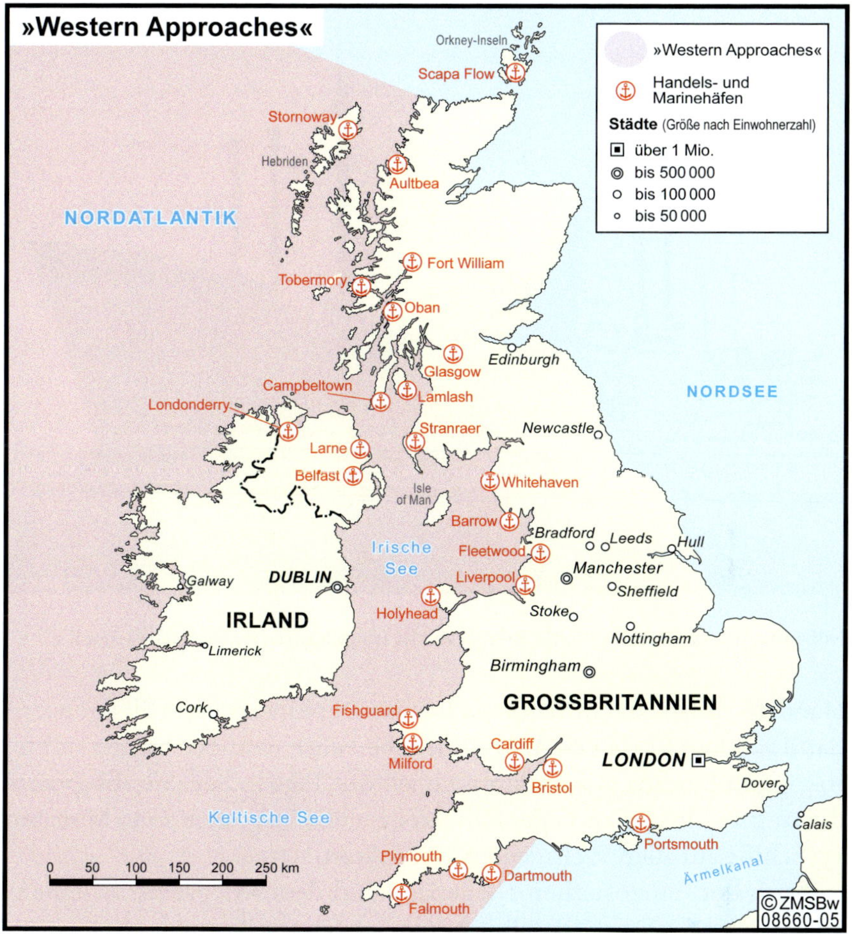

ferte das Trossschiff »Nordmark«, das über 41-mal deutsche Schiffe im Atlantik versorgte, 212 Tage in See stand und über 33 000 Seemeilen zurücklegte.

Die »Nordmark« versorgte auch U-Boote und die im Atlantik operierenden Hilfskreuzer. Seit dem 11. März 1940 standen der Hilfskreuzer »Atlantis« und seit 30. März der Hilfskreuzer »Orion« in See. Ab 5. Mai operierten »Widder«, ab dem 6. Juni »Thor«, ab 15. Juni »Pinguin«, ab 3. Juli »Komet« und ab dem 3. Dezember »Kormoran« im Atlantik. Hilfskreuzer sahen äußerlich wie zivile Schiffe aus, verbargen aber ihre Bewaffnung und enttarnten sich erst bei Erkennen eines gegnerischen

Hilfskreuzer »Kormoran«, ein für Kriegszwecke umgebautes Handelsschiff, 1941

Handelsschiffes, das in Schussweite war. Der Einsatz von Hilfskreuzern hatte sich bereits im Ersten Weltkrieg bewährt, dennoch kamen sie erst 1940 zum Einsatz. Die »Atlantis« blieb 622 Tage in See. Sie absolvierte die längste Einsatzfahrt aller Hilfskreuzer, die insgesamt in 39 Monaten 133 Schiffe auf allen Weltmeeren versenkten.

Nach der französischen Niederlage und dem Kriegseintritt Italiens an der Seite des Deutschen Reiches in den letzten Tagen des Krieges im Westen nahm die Bedrohung für die Seeverbindungen Großbritanniens zu. So fürchtete die Regierung in London, dass Hitler, obwohl dieser Vichy-Frankreich Neutralität zugesagt hatte, die französische Flotte, die teilweise in Toulon, aber auch in Mers-el-Kébir in Französisch-Algerien sowie in Dakar in Französisch-Westafrika zusammengezogen worden war, gegen die Royal Navy einsetzen könnte. Gegen die an der afrikanischen Küste ging die Royal Navy skrupellos präventiv vor: Als der dortige französische Oberbefehlshaber sich weigerte, seine Schiffe einem überlegenen Verband der Royal Navy auszuliefern bzw. sich diesem im Kampf gegen NS-Deutschland anzuschließen, schossen sie dessen Schiffe am 3. Juli, nur wenige Wochen nach Unterzeichnung des deutsch-französischen Waffenstillstands, unter Inkaufnahme hoher Opferzahlen zusammen. Gleiches wiederholte sich im September beim britischen Angriff auf Dakar.

Damit waren jedoch die Gefahren für Großbritannien, das inzwischen allein gegen NS-Deutschland kämpfte, keineswegs gebannt. Seit Sommer tobte die »Luftschlacht um England«, parallel bereitete die Wehrmacht eine Invasion der Insel vor. Auf dem neuen Kriegsschauplatz im Mittelmeer bedrohte Italien britische Kolonien wie Gibraltar und Malta sowie den für die Verbindungen ins Empire wichtigen Suezkanal. Auch mit einem Eingreifen der in Toulon liegenden Reste der französischen Flotte mussten die Verantwortlichen in London, insbesondere nach den Ereignissen von Mers-el-Kébir, jederzeit rechnen. Im Atlantik machten die Hilfskreuzer »Atlantis« und »Orion« erfolgreich Jagd auf britische Handelsschiffe. All dies führte dazu, dass die Royal Navy ihre Maßnahmen zur Sicherung der Geleitzüge auf das Mindeste reduzieren musste, und zwar zu dem Zeitpunkt, als Dönitz sich entschloss, alle für den Atlantik-Krieg fähigen U-Boote einzusetzen.

24 hochseetüchtige Unterseeboote waren ab Juni 1940 im Einsatz. In wenigen Tagen versenkten acht U-Boote 31 Schiffe mit ungefähr 162 500 BRT allein in den sogenannten Western Approaches, d. h. den Seegebieten westlich von Großbritannien und Irland. Die deutschen U-Boote blieben in dem Gebiet, bis sie ihre Torpedos verschossen hatten. Weitere U-Boote operierten im westlichen Atlantik und erzielten hohe Versenkungserfolge. Bei U 99 unter dem Kommando von Kapitänleutnant Otto Kretschmer hatte die Royal Navy Glück. Ein Geleitfahrzeug konnte das U-Boot orten und mit Wasserbomben angreifen – Kretschmer sprach von 127 Detonationen. Das Boot blieb 18 Stunden unter Wasser und musste 210 Meter tief tauchen, überstand aber die Angriffe. Wenig Glück hatten U 26 (versenkt am 1. Juli, Besatzung überlebte), U 102 (am 27. April in Dienst gestellt, versenkt am 1. Juli, Besatzung von 43 Mann gefallen) und U 122 (am 30. März 1940 in Dienst gestellt, verschollen seit 22. Juni, Besatzung von 49 Mann verschollen). Anders erging es U 47 unter Prien, der am Morgen des 2. Juli den britischen Ozeandampfer »Arandora Star« auf seiner Fahrt Richtung Westen entdeckte. Prien erkannte Geschütze auf dem Vorder- und dem Achterschiff, feuerte seinen letzten Torpedo aus einer Entfernung von 1800 Metern ab und erzielte einen Volltreffer. Er wusste aber nicht, dass sich an Bord

der »Arandora Star« 565 deutsche und 734 italienische Internierte befanden, die nach Kanada verbracht werden sollten und von 200 britischen Armeesoldaten bewacht wurden. 826 Menschen kamen bei dem Untergang ums Leben, darunter 713 Deutsche und Italiener. Letzteres verschwieg die deutsche Propaganda.

↗ **Das getarnte Schlachtschiff »Scharnhorst« am Kai in Brest, März 1941.**

3 Das Tor zum Atlantik: Brest

Der Hauptstützpunkt der Kriegsmarine, Brest, war ideal für zukünftige Einsätze im Atlantik. Dort befanden sich ein Liegeplatz für ein Schlachtschiff und zwei Trockendocks für Schiffe bis zur Größe von »Scharnhorst« und »Gneisenau«. Reparaturen an den größeren Schlachtschiffen »Bismarck« und »Tirpitz«, die ebenfalls für Einsätze im Atlantik vorgesehen waren, konnten in der Normandie-Schleuse in Saint-Nazaire durchgeführt werden. »Bismarck« war bereits im August 1940 in Dienst gestellt worden, »Tirpitz« folgte dieser im Februar 1941.

Die Kriegsmarine nahm den Betrieb in Brest bereits am 4. Juli 1940 auf, wenige Wochen nach dem deutsch-französischen Waffenstillstand. Der Ausbau des Stützpunktes und der Werft erwies sich zunächst allerdings als schwierig. Insbesondere fehlten funktionsfähige Kräne innerhalb des Arsenals. Nach und nach kamen Arbeiter von der Marinebauwerft in Wilhelmshaven nach Brest. Das französische Werftpersonal arbeitete unter deutscher Besatzungsherrschaft. Am 19. September 1940 lief die 5. Zerstörerflottille in Brest ein. Unter der Führung von Kapitän zur See Erich Bey sollten deren sieben Zerstörer die britische Erz-

Angehörige der Kriegsmarine im Arsenalhafen von Brest, Juni 1940

zufuhr aus Spanien unterbrechen und Minen vor der Südküste Großbritanniens legen.

Der Ausbau des Stützpunktes in Lorient kam rascher voran. Seit Mitte August 1940 verfügte das dortige Arsenal über 650 deutsche und 2500 französische Werftarbeiter. Die Reparaturkapazität reichte für zehn U-Boote, perspektivisch sollte sie für 30 reichen. Auch im Stützpunkt Saint-Nazaire strebte man bis zum 1. April 1941 eine Reparaturkapazität für 30 U-Boote an. Dabei mussten die Stützpunkte militärisch gesichert und seeseitig so geschützt werden, dass die Einheiten die Häfen, im Fall der U-Boote im aufgetauchten Zustand, erreichen konnten. Dazu bedurfte es Räum-, Hafenschutz- und Hilfsboote, die zumeist auf zivilen französischen Werften gebaut wurden.

Die U-Boot-Besatzungen schätzten rasch den Wert der Stützpunkte im besetzten Frankreich für die Kriegführung im Atlantik. Zwischen ihren Feindfahrten hatten sie nur kurze Aufenthalte zur Instandsetzung. Lorient wurde zu einer Art zweiten Heimat. Im November 1940 zog auch Dönitz mit seinem Stab in das Schloss Kernével bei Lorient, direkt gegenüber dem im Bau befindlichen U-Boot-Bunker von Kéroman. Fortan ließ er es sich nicht nehmen, die von Feindfahrten zurück-

Marinekommandoamt: Stützpunktplanung Frankreich, Juli 1940

Quelle: Hellwinkel: Hitlers Tor zum Atlantik. Die deutschen Marinestützpunkte in Frankreich 1940–1945, S. 29.

Ab Herbst 1940 errichteten Bau- und Zwangsarbeiter der »Organisation Todt« U-Bootstützpunkte an der französischen Westküste wie hier in Brest. Die Aufnahme stammt von 1942.

kehrenden U-Boote persönlich an der Pier in Empfang zu nehmen. Das Hauptquartier des »Führers der U-Boote West« (FdU West) war 1940 von Kiel ebenfalls nach Lorient umgezogen. Seit 1942 befand es sich in Paris, Anfang 1943 zog es nach Angers um.

U-Boot-Bunker, mit deren Planung und Bauausführung die »Organisation Todt« beauftragt war, entstanden ab 1941 in Brest, Bordeaux, La Pallice und Saint-Nazaire. Über 45 000 Arbeiter waren am Bau der Bunkeranlangen beteiligt, wovon 9000 aus Deutschland und die restlichen 36 000 Bau- und Zwangsarbeiter aus fast allen europäischen Staaten kamen. Am 13. September 1941 belegte U 372 den ersten geschützten Liegeplatz in Brest, wenige Wochen später waren zwei weitere Liegeplätze und zwei Trockendocks fertiggestellt.

Wie sah die Lage bei den Großkampfschiffen in der zweiten Jahreshälfte 1940 aus? Die Kriegsmarine wartete auf die Indienststellung des Schweren Kreuzers »Prinz Eugen«. Diese erfolgte allerdings erst am 1. August, da das Schiff am 2. Juli am Ausrüstungskai der Kieler Werft einen Bombentreffer erhalten hatte. Bis Ende 1940 führte die »Prinz Eu-

Schlachtschiff »Bismarck«, fotografiert vom Schweren Kreuzer »Prinz Eugen«, Mai 1941

gen« Erprobungsfahrten in der Ostsee durch, ebenso wie das am 24. August in Dienst gestellte Schlachtschiff »Bismarck«.

Die »Scharnhorst« und die »Gneisenau« lagen zur Reparatur in deutschen Kriegswerften. Auch die »Lützow« befand sich in der zweiten Jahreshälfte 1940 in der Werft – erst Ende März 1941 sollte der Schwere Kreuzer wieder einsatzbereit sein. Das Schwesterschiff, die »Admiral Scheer«, war am 27. Oktober 1940 aus Brunsbüttel ausgelaufen und operierte seit dem 1. November im nördlichen, dann im südlichen Atlantik, bevor es in den Indischen Ozean vorstieß. Die »Admiral Scheer« kehrte erst im April 1941 nach Kiel zurück. In 155 Tagen hatte sie 46 000 Seemeilen zurückgelegt und 17 Schiffe mit 113 000 BRT versenkt.

Der Schwere Kreuzer »Admiral Hipper« sollte Ende September 1940 in den Nordatlantik durchbrechen, um Handelskrieg zu führen. Auf der Höhe von Südnorwegen musste er nach einem Großbrand im Maschinenraum allerdings umkehren. Nach Instandsetzungsarbeiten lief die »Admiral Hipper« am 30. November erneut aus, passierte unbehelligt die Dänemark-Straße und stieß in den Atlantik vor. Ein Angriff auf den Geleitzug WS5A 700 Seemeilen westlich von Kap Finisterre (Nordwestspanien) mit zehn Truppentransportern, zwölf Transportschiffen und

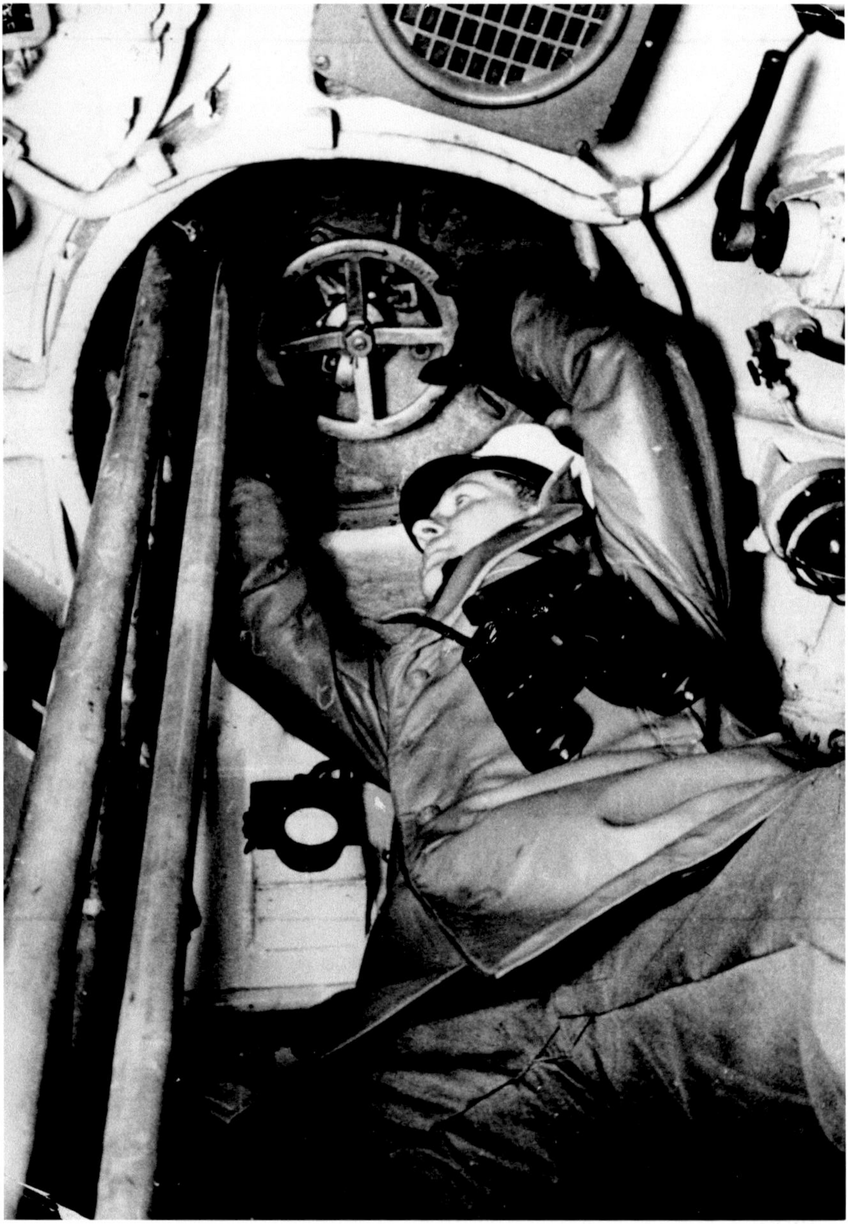

Ein U-Boot-Kommandant schließt vor dem Tauchen das Turmluk. Bis Anfang 1941 waren es weniger Großkampfschiffe, sondern U-Boote, die die gegnerischen Seeverbindungslinien im Atlantik störten.

Schwerer Kreuzer »Admiral Hipper« bei schwerer See im Nordatlantik südlich von Grönland, Dezember 1940

13 800 eingeschifften Soldaten am Morgen des ersten Weihnachtstages scheiterte an der starken britischen Eskorte. Die »Admiral Hipper« konnte lediglich den Kreuzer »HMS Berwick« und zwei Truppentransporter beschädigen. Danach lief diese Richtung Brest ab. Unterwegs gelang noch die Versenkung des britischen Handelsschiffs »Jumna«. Am 27. Dezember kehrte die »Admiral Hipper« nach Brest zurück, wurde instand gesetzt und blieb bis zum 1. Februar 1941 im Stützpunkt. Von den verbliebenen Leichten Kreuzern wurde keiner im Nordatlantik verwendet.

In der größten Schwächephase Großbritanniens lag die Hauptlast im Kampf gegen gegnerische Seeverbindungslinien im Atlantik also bei den U-Booten und Hilfskreuzern. Die Zahl der atlantikfähigen Unterseeboote war jedoch immer noch gering, und der Einsatz der Hilfskreuzer kam zu zögerlich. Während Raeder gegenüber Hitler die Erfolge der U-Boote und Hilfskreuzer ausdrücklich lobte, zeichnete er hinsichtlich des Einsatzes der Großkampfschiffe in einem Lagevortrag am 14. Oktober 1940 ein eher beschönigendes Bild: »Mit Eintreffen [der] Schlachtschiffe und Kreuzer an Atlantikküste im Laufe des Winters weiträumige Operationen im Nordatlantik beabsichtigt gegen feindlichen Zufuhrverkehr sowie zum Schutz eigener Blockadebrecher und Prisen. Starke Auswirkungen auf feindliches Zufuhr[-] und Geleitsystem zu erwarten.«

Die Lagebesprechungen bei Hitler zeigen die Komplexität, aber auch die Dynamik der Vorgänge, mit denen sich der Oberbefehlshaber der Kriegsmarine auseinanderzusetzen hatte. Die Invasion Großbritanniens band immer noch viele personelle und materielle Ressourcen, da Hitler sich nicht entschließen wollte, sie endgültig abzusagen. Der Einsatzradius der Kriegsmarine wurde zudem ständig erweitert, ohne dass ihr ausreichende Mittel zur Verfügung standen. Zum Jahresende 1940 gab es auch »ressortabgrenzende Eifersüchteleien« mit der Luftwaffe in den Besprechungen. Die Forderung Raeders nach mehr Luftaufklärung und Luftunterstützung bewilligte Hitler zwar, auch stimmte er Raeders Wunsch nach eigenen Seeluftstreitkräften zu, doch letzthin weigerte sich die Luftwaffe, den Luftraum mit der Marine zu teilen.

Raeders erneute Warnung am 27. Dezember 1940, den Krieg gegen die Sowjetunion zu einem Zeitpunkt zu beginnen, zu dem Großbritannien noch nicht »niedergerungen« sei, ignorierte Hitler ebenso wie den Appell, den U-Boot- und Luftkrieg gegen Großbritannien »auf das stärkste« zu forcieren. Raeder wusste ebenso wie der Oberbefehlshaber der Luftwaffe, Reichsmarschall Hermann Göring, dass sie so lange hinter dem Heer zurückstehen mussten, bis der Krieg gegen die Sowjetunion beendet sein würde.

Offensiven im Atlantik

Raeder wollte seine Zusage einlösen, den Atlantikkrieg mit Großkampfschiffen im Winter 1940/41 zu forcieren, um die Konvoirouten ins britische Mutterland zu bedrohen oder gar zu unterbrechen. Die Briten nutzten aufgrund der deutschen Präsenz in der Biskaya bereits fast ausschließlich die nördliche Konvoiroute über den Atlantik.

Als die Kriegsmarine das Schlachtschiff »Tirpitz« im Februar 1941 in Dienst stellte, verfügte sie über eine weitere kampfkräftige Überwassereinheit. Seit der Kiellegung im Oktober 1936 waren über vier Jahre vergangen, ein nicht untypischer Zeitraum für Schiffsneubauten. Doch

Einsatz schwerer deutscher Kriegsschiffe im Nordatlantik, 1941

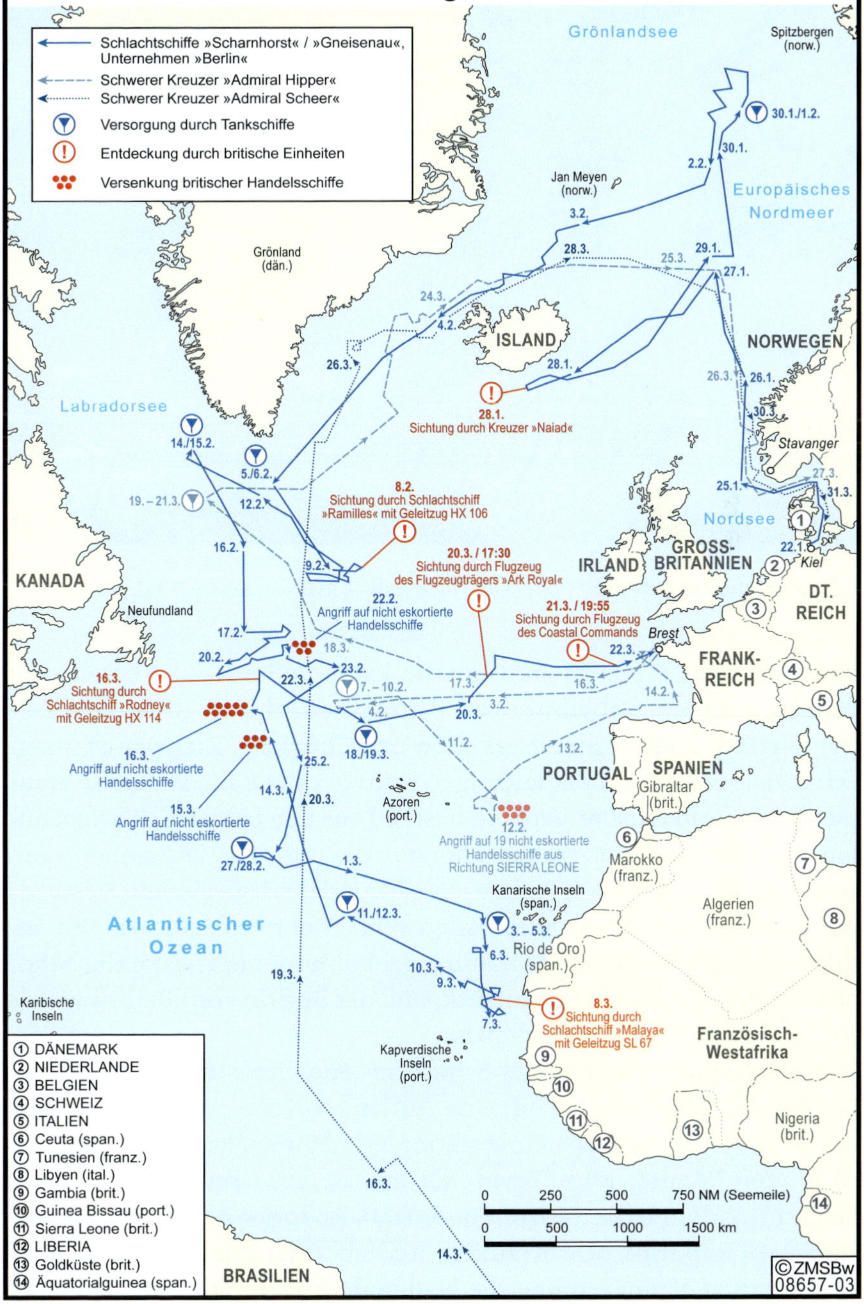

Luftaufnahme der »Admiral Hipper« im Trockendock in Brest, Januar 1941

bevor auch die »Tirpitz« zum Einsatz kam, wollte Raeder bereits mit dem Unternehmen »Berlin« unter Flottenchef Admiral Lütjens ein Zeichen setzen. Dieser galt als erfahren und ehrgeizig. Ziel war es, möglichst viele Schiffe auf der wichtigen Konvoiroute Kanada–Großbritannien zu versenken. Der Verband bestand aus den beiden Schlachtschiffen »Gneisenau« und »Scharnhorst«, die am 28. Dezember 1940 ausliefen. Die Operation endete jedoch vor der norwegischen Küste, da die »Gneisenau« erneut Seeschäden erlitt – ein Problem, das seit Indienststellung bestand. Die Baumängel konnten nie vollständig behoben werden. Lütjens kehrte zurück, und der Beginn von »Berlin« wurde auf den 22. Januar 1941 verschoben.

Bereits vom Auslaufen der Schiffe aus Kiel hatte die Admiralität in London Kenntnis. Sie befahl, eine Auffangposition südlich von Island aufzubauen. Die in Scapa Flow stationierte Home Fleet unter der Führung von Admiral John Tovey lief am 25./26. Januar 1941 mit den Schlachtschiffen »HMS Nelson« und »HMS Rodney«, dem Schlachtkreuzer »HMS Repulse«, acht Kreuzern und elf Zerstörern aus. Zwei Tage später, am 28. Januar, trafen die beiden deutschen Schlachtschiffe auf zwei britische Kreuzer der Bewachungslinie und wichen umgehend ins Nordmeer aus – der britische Kreuzer »HMS Naiad« sichtete die beiden Schiffe, verlor aber sofort wieder die Fühlung. Nachdem der Begleittanker »Adria« die beiden Schlachtschiffe versorgt hatte, gelang es ihnen am 3./4. Februar 1941, unbemerkt die Dänemark-Straße zu passieren.

Wenige Tage später, am 8. Februar, sichteten »Gneisenau« und »Scharnhorst« den aus dem kanadischen Halifax kommenden britischen Konvoi HX106, den Admiral Lütjens jedoch ziehen ließ. Dafür versenkten die beiden Schlachtschiffe vom 22. bis 28. Februar fünf einzeln fahrende Schiffe aus einem aufgelösten Konvoi. Vor der Versenkung gelang es allerdings einem der Schiffe, einen Notruf abzusetzen und damit die Position der deutschen Schiffe zu verraten. Lütjens entschloss sich, auszuweichen und in den mittleren Atlantik vorzustoßen.

Am 7. März 1941 standen die beiden Schlachtschiffe etwa 300 Seemeilen nordöstlich der Kapverden und sichteten den aus Freetown (Sierra Leone) kommenden Konvoi SL67 mit 54 Schiffen. Das Schlachtschiff »HMS Malaya« sowie die Zerstörer »HMS Faulknor« und »HMS Forester« sicherten den Geleitzug. Lütjens ließ auch diesen Konvoi ziehen und meldete dessen Position nach Deutschland. Diese Positionsmeldung nutzte der Befehlshaber der U-Boote Dönitz und setzte zwei seiner U-Boote auf den Konvoi an. In den frühen Morgenstunden des 8. März versenkten U 105 und U 124 nach eigenem Bekunden sechs Schiffe mit etwa 35 000 BRT. Nach dem Krieg stellte sich heraus, dass sie tatsächlich nur fünf Schiffe mit 28 500 BRT vernichtet hatten. Kapitänleutnant Wilhelm Schulz hatte sein U 124 unter Wasser in den Geleitzug hineinsacken lassen und so inmitten des Verbandes in eine gute Angriffsposition gebracht. Nach Abschuss der Torpedos musste es vor einem herannahenden Geleitzerstörer wegtauchen. Schulz notierte dazu: »Unter Wasser ist das Bersten der sinkenden Schiffe dicht beim Boot zu vernehmen. Dazwischen zwei Torpedodetonationen ganz in der Nähe. Boot steuert auf 70 Meter. Bald darauf Aufschläge wie von Artilleriegeschossen. – Ein Dampfer sinkt mit großem Getöse dicht beim Boot. Das Kämpfen über Wasser ist halb so gefährlich wie hier unten, wo es dauernd kracht und explodiert.«

Die Schlachtschiffe »Gneisenau« und »Scharnhorst« liefen am 22. März 1941 in Brest ein. Im Rahmen des Unternehmens »Berlin« hatten sie 22 Schiffe mit 115 600 BRT versenkt. Der Versuch des britischen

Rückkehr von U 124. Wimpel geben die Tonnage der versenkten Schiffe an, Frühjahr 1941.

Gibraltar-Geschwaders (»Force H«), die beiden deutschen Schiffe in der Biskaya abzufangen, war zuvor gescheitert. Sie konnten erst eine Woche nach ihrem Einlaufen in Brest von den Briten aufgeklärt werden. Im April 1941 wurde die »Gneisenau« mehrfach bei britischen Bomberangriffen getroffen und schwer beschädigt. Erst im Februar 1942 sollte sie wieder einsatzbereit sein.

Fast zeitgleich zum Unternehmen »Berlin« lief die »Admiral Hipper« am 1. Februar 1941 aus Brest zu ihrer zweiten Atlantikoperation aus. Zehn Tage später versenkte sie einen britischen Frachter aus dem von Gibraltar kommenden Geleitzug HG 53 mit Ziel Liverpool. Aus dem Geleitzug waren zuvor bereits acht Frachtschiffe von U-Booten und Flugzeugen versenkt worden. Dönitz beschrieb diese Operation in seinen Lebenserinnerungen als »die einzige gemeinsame Operation von Luftwaffe und Unter- und Überwasser-Seestreitkräften im Atlantik«. Einen Tag später, am 12. Februar, versenkte die »Admiral Hipper« sieben Schiffe des aus Freetown kommenden langsamen Geleitzuges SLS 64 und vernichtete über 32 000 BRT. Zwei weitere Schiffe aus dem Geleitzug wurden schwer beschädigt.

Die »Admiral Hipper« kehrte am 14. Februar nach Brest zurück und wurde nach Deutschland zurückbeordert. Sie verließ Brest am 15. März, konnte unbemerkt die Dänemark-Straße passieren und lief am 28. März in Kiel ein, wo sie technisch überholt wurde.

Sowohl das Unternehmen »Berlin« als auch der kurze Einsatz der »Admiral Hipper« hatten aus Sicht der Seekriegsleitung, wie sie in einem Lagevortrag betonten »neben den erheblichen taktischen Erfolgen die großen strategischen Auswirkungen eines derartigen Einsatzes der Überwasserstreitkräfte bestätigt. Dabei hatte sich die große strategische Wirkung nicht nur auf den zum Operationsgebiet gewählten Seeraum erstreckt, sondern stark divergierend auch auf andere Kriegsschauplätze (Mittelmeer – Südatlantik) übergegriffen.« Vor diesem Hintergrund wird auch Raeders Bestreben verständlich, an bisherige Erfolge anzuknüpfen. Es sollte ein weiteres Zeichen für die Kriegführung im Atlantik mit großen Überwasserschiffen gesetzt werden.

Unternehmen »Rheinübung«

Die Seekriegsleitung plante das Unternehmen »Rheinübung« als groß angelegte Operation zur atlantischen Kreuzerkriegführung gegen gegnerische Geleitzüge. Die »Bismarck« sollte gemeinsam mit der »Prinz Eugen« durch die Dänemark-Straße in den Atlantik vorstoßen, um sich mit den aus Brest kommenden Schlachtschiffen »Gneisenau« und »Scharnhorst« zu einem Verband zu vereinigen. Die Operationsplanung sah vor, die Schlachtschiffe durch Zerstörer und Unterseeboote zu unterstützen. Die Anweisung für den Verband lautete, Handelsschiffstonnage vernichten, Kampfhandlungen mit dem Gegner vermeiden. Während die »Bismarck« die jeweilige Konvoisicherung »in Schach halten« sollte, war es Aufgabe der anderen drei Schiffe, den Geleitzug zu zerstören. Die »Lützow« und die »Tirpitz« sollten zu einem späteren Zeitpunkt zum Verband hinzustoßen. Tanker und Versorgungsschiffe positionierten sich frühzeitig fernab der Schifffahrtsrouten im Atlantik, und kleinere Frachter und Fischerboote dienten als »Späher« für die Großkampfschiffe.

Raeder hoffte, dass sich ein solches Vorgehen auch auf die anderen Kriegsschauplätze auswirken würde. Wegen Reparaturen musste das Auslaufen der Schlachtschiffe »Prinz Eugen« und »Bismarck« allerdings in den Mai verschoben werden. Durch Lufttorpedotreffer fiel die in Brest liegende »Gneisenau« für das Unternehmen gänzlich aus, und Überlegungen, auf die endgültige Einsatzreife der »Tirpitz« zu warten und die »Scharnhorst« alleine in den Atlantik zu entsenden, wurden verworfen. Daher liefen die »Bismarck« und die »Prinz Eugen« am Abend des 18. Mai 1941 aus Gotenhafen (Gdingen) aus – der geplante große Verband war auf zwei Einheiten zusammengeschrumpft. Ab der Insel Rügen sicherten Z 23 und Z 16 »Friedrich Eckholdt« die beiden »Dickschiffe«. Im Großen Belt stieß Z 10 »Hans Lody« dazu.

Bereits im nördlichen Kattegat klärte jedoch der schwedische Flugzeugkreuzer »Gotland« das bis dahin geheim gehaltene Auslaufen der beiden Großkampfschiffe auf und meldete es über die schwedische Admiralität nach London weiter. Gegen Mittag des 21. Mai ankerte die »Bismarck« im Grimstadfjord bei Bergen, und die »Prinz Eugen« ging mit den Zerstörern in der Kalvenesbucht nördlich von Bergen vor Anker, um Versorgungsgüter und Heizöl zu übernehmen. Bis heute ist unklar, war-

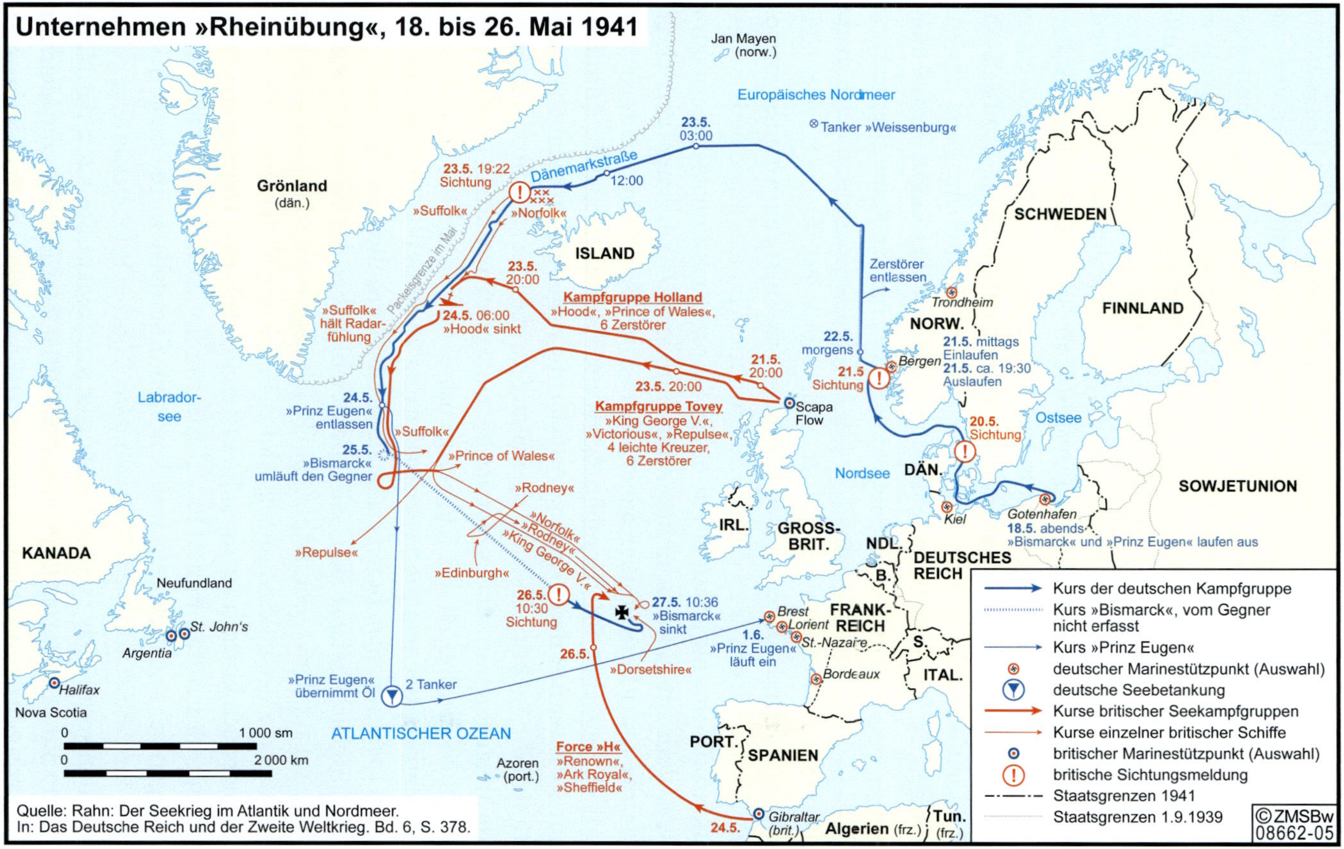

Unternehmen »Rheinübung«, 18. bis 26. Mai 1941

Quelle: Rahn: Der Seekrieg im Atlantik und Nordmeer.
In: Das Deutsche Reich und der Zweite Weltkrieg. Bd. 6, S. 378.

um der Kommandant der »Bismarck«, Kapitän zur See Ernst Lindemann, nicht ebenfalls nachbunkern ließ – ein unverzeihlicher Fehler, wie sich bald herausstellen sollte. Die Besatzungen der »Prinz Eugen« und »Bismarck« verwandelten ihren Tarnanstrich in das »Kriegsmarine-Außenbords-Grau«, während Flugzeuge der Typen Me 109 und Me 110 die Luftsicherung übernahmen. Dennoch gelang es britischen Aufklärungsflugzeugen, die Einheiten gegen Mittag zu sichten und zu fotografieren.

Gegen Mitternacht flog die Royal Air Force einen Luftangriff auf Bergen – der deutsche Verband hatte aber bereits gegen 19:30 Uhr die Anker gelichtet und war im Schutz der Dunkelheit entkommen. Am nächsten Morgen stand die Gruppe nordwestlich von Trondheim, und Lütjens entließ die Begleitzerstörer. »Bismarck« und »Prinz Eugen« marschierten nun allein Richtung Dänemark-Straße. Als die Briten bemerkten, dass der Verband nicht mehr in den Fjorden bei Bergen ankerte, hatte Lütjens bereits mit seinen Schiffen Kurs Nordwest angelegt. Ob er südlich von Island oder über die Dänemark-Straße in den Atlantik vorstoßen würde, hatte er zu diesem Zeitpunkt noch nicht entschieden – fest stand für ihn nur, dass er auf einen Stopp zur Brennstoffübernahme von dem im Nordmeer liegenden Tanker »Weißenburg« verzichten würde. Unsicherheit über die Position seiner Schiffe herrschte sowohl in der deutschen Seekriegsleitung als auch bei der britischen Admiralität. Während es den Briten an Aufklärungsergebnissen mangelte, zeigte sich die Seekriegsleitung eher verärgert über die scheinbar mangelnde Meldebereitschaft des Flottenchefs, die er zuvor auch bei dem Unternehmen »Berlin« an den Tag gelegt hatte. Aus diesen Reaktionen wird ersichtlich, wie eng die Seekriegsleitung zu führen versuchte, obwohl der Operationsplan bereits sehr kleinteilig formuliert worden war.

Zeitgleich befand sich der Oberbefehlshaber der Kriegsmarine im Berghof auf dem Obersalzberg bei Berchtesgaden und informierte Hitler über die Versenkungserfolge der U-Boote und Hilfskreuzer. Er merkte aber auch kritisch an, dass die Briten ihr Peil- und Ortungsnetz ausgebaut hätten und nunmehr auf Informationen über deutsche Bewegungen sehr schnell reagieren könnten. Ebenfalls wurde besprochen, wie der Verlust von U 47-Kommandant Günther Prien bekannt gegeben werden sollte. Das »U-Boot-Ass« galt mit seinem Boot seit der Nacht vom 7. auf den 8. März als verschollen. Hitler legte fest, dass die Meldung in Verbindung mit einem größeren U-Boot-Erfolg verkündet werden

Admiral Günther Lütjens
(l., 1889–1941) auf der »Bismarck«

Kapitän zur See Ernst Lindemann
(1894–1941), Kommandant der »Bismarck«

solle – dies erfolgte am 24. Mai. Raeder informierte Hitler über das Auslaufen der »Bismarck« und der »Prinz Eugen« zum Unternehmen »Rheinübung«. Hitler soll besorgt reagiert haben, da er Verwerfungen mit den USA befürchtete, die Großbritannien seit langem verdeckt unterstützten und mit der Einrichtung der panamerikanischen Zone den Bewegungsradius deutscher Schiffe stark zu beeinträchtigen versuchten; deutsche Handelsschiffe konnten sich in den Gewässern nicht mehr unbemerkt bewegen. Auf seine Frage, ob »Rheinübung« gestoppt werden könne, antwortete Raeder, dass dies nicht mehr möglich sei.

Die Admiralität in London hatte mittlerweile Vorkehrungen getroffen, um den Durchbruch des deutschen Verbandes in den Atlantik zu verhindern. Eine Kampfgruppe unter dem Kommando von Admiral Tovey, bestehend aus dem Schlachtschiff »HMS King George V«, dem Flugzeugträger »HMS Victorious«, dem Schlachtkreuzer »HMS Repulse«, vier Leichten Kreuzern und sechs Zerstörern, wurde südlich von Island stationiert. Eine weitere Kampfgruppe unter dem Kommando von Admiral Lancelot Holland mit dem Schlachtkreuzer »HMS Hood«,

Blick über den Bug des britischen Schlachtschiffs »HMS Hood«

dem Schlachtschiff »HMS Prince of Wales« und sechs Zerstörern wartete am Eingang der Dänemark-Straße. Zwei Schwere Kreuzer, »HMS Suffolk« und »HMS Norfolk«, waren in der Dänemark-Straße positioniert. Gegen 19.30 Uhr des 23. Mai sichtete »HMS Suffolk« den deutschen Verband, meldete die Position an die am Eingang der Dänemark-Straße stehende Kampfgruppe und blieb gemeinsam mit »HMS Norfolk« außerhalb der Reichweite der deutschen Artillerie, hielt aber Radarkontakt.

Der Verband von Admiral Holland eröffnete in den frühen Morgenstunden des 24. Mai aus einer Entfernung von 23 Kilometern das Feuer auf die deutschen Einheiten. Das von der »Bismarck« und »Prinz Eugen« erwiderte Feuer wies nur geringe Streuungen auf; es gelangen erste Treffer. Die britischen Schiffe fuhren im spitzen Winkel auf ihre Gegner zu, »HMS Hood« konnte nur die vorderen Geschütztürme – 50 Prozent der Hauptbewaffnung – einsetzen. Sie wollte offenbar so schnell wie möglich die Gefechtsdistanz verringern, sodass die deutschen Geschosse lediglich im flachen Winkel einschlagen konnten. Da der britische Schlachtkreuzer eine starke Seitenpanzerung hatte, wären solche

Einschläge vermutlich folgenlos geblieben. Admiral Holland verwechselte allerdings die beiden deutschen Schiffe. Daher konzentrierte er das Feuer auf die »Prinz Eugen« und übersah, dass sich die »Bismarck« ungehindert auf »HMS Hood« einschoss. Gegen 6 Uhr traf die fünfte Vollsalve der Bismarck den britischen Schlachtkreuzer in die achteren Munitionsmagazine. Augenzeugen berichteten, dass »HMS Hood« in zwei Teile zerbrach und binnen Minuten sank. Lediglich drei von den 1419 Besatzungsangehörigen überlebten.

Der deutsche Verband konzentrierte nun sein Feuer auf »HMS Prince of Wales«, die nach mehreren Treffern abdrehte. Flottenchef Lütjens ließ den Gegner, wie im Operationsplan vorgesehen, ziehen, um seinen Verband nicht unnötig zu gefährden. Ihm gelang es aber nicht, den britischen Schlachtkreuzer abzuschütteln.

Die »Bismarck« hatte zwei schwere Treffer erhalten und zog eine verräterische Ölspur hinter sich her. Da zudem Wasser einbrach, kam sie nur noch mit 28 Knoten sowie einer Krängung von neun Grad voran. Lütjens entschloss sich, die »Prinz Eugen« in südlicher Richtung zur eigenständigen Kreuzerkriegführung zu entlassen und selbst in Richtung Saint-Nazaire abzudrehen. Die »Prinz Eugen« entkam gegen Mittag des 24. Mai und lief zehn Tage später in Brest ein.

Nach einem Treffer im Munitionsmagazin sank »HMS Hood«, 24. Mai 1941. Mehr als 1400 Personen starben.

Mittlerweile hatte die britische Admiralität die südlich von Island stehende Kampfgruppe von Admiral Tovey auf Abfangkurs befohlen und zugleich die in Gibraltar stationierte »Force H« mit »HMS Renown«, »HMS Ark Royal« und »HMS Sheffield« in Marsch gesetzt. Von den auf Ausweichkurse befohlenen Konvois wurden die Schlachtschiffe »HMS Rodney«, »HMS Ramilles«, »HMS Revenge« sowie die Kreuzer »HMS Edinburgh« und »HMS Dorsetshire« abgezogen und auf den vermuteten Kurs der »Bismarck« angesetzt. Damit machten nun mehr als 50 britische Über- und Unterwassereinheiten sowie zahllose Flugzeuge Jagd auf die »Bismarck«.

Gegen 3 Uhr am 25. Mai begannen die britischen Fühlungshalter Zickzackkurse zu steuern, da sie deutsche U-Boote in dem Seegebiet vermuteten. Zur selben Zeit entschloss sich Lütjens zu einem Täuschungsmanöver, indem er über Steuerbord einen Vollkreis fuhr. Der Gegner verlor die Radarerfassung, was Lütjens, der nur rudimentäre radartechnische Kenntnisse besaß, nicht durchschaute. Er interpretierte die empfangenen Impulse der britischen Einheiten, als sei er geortet worden. Die Radaranlage an Bord der »HMS Suffolk« konnte Überwasserkontakte auf bis zu 30 Kilometern lokalisieren, war aber so ungünstig eingebaut, dass es tote Winkel bei der Ortung gab. Auch das wusste Lütjens nicht. Er ging davon aus, dass seine Position dem Gegner bekannt war. Daher hielt er keine Funkstille, sondern sandte längere Funksprüche über die derzeitige Lage an die Seekriegsleitung. Britischen Funkpeilstationen gelang es dadurch, die »Bismarck« einzupeilen und ihre Position zu bestimmen. Toveys Navigationsoffizier beeilte sich, die neue Position einzutragen – allerdings unterlief ihm ein Fehler, sodass die »Bismarck« auf der britischen Seekarte nun nördlicher stand, als tatsächlich der Fall war. Tovey nahm an, dass das deutsche Schlachtschiff nach Norden zu entkommen suchte. Als der Irrtum bemerkt wurde, steuerte die »Bismarck« bereits auf südöstlichem Kurs die französische Küste an. Sie musste aber mit dem Treibstoff haushalten. Für eine Dauerhöchstfahrt reichte es nicht mehr. Nun rächte sich, dass weder vor Bergen noch im Nordmeer nachgebunkert worden war. Auch Tovey hatte mit Treibstoffproblemen zu kämpfen. Er musste seine Träger und Kreuzer sowie »HMS Repulse« wegen drohendem Treibstoffmangel und »HMS Prince of Wales« wegen Beschädigungen entlassen. Fünf Zerstörer stießen stattdessen zu seinem Verband hinzu.

Admiral Sir John Tovey (1885–1975), Oberbefehlshaber der Home Fleet

Am Nachmittag des 25. Mai gelang es der »Bismarck«, zwischen »HMS Rodney« und »HMS Edinburgh« unbemerkt durchzuschlüpfen. »Force H« fuhr aus südlicher Richtung kommend weiter auf das deutsche Schlachtschiff zu, um sich ihm entgegenzustellen. Gegen 10:30 Uhr am 26. Mai meldete ein »Catalina«-Flugzeug des Coastal Command die Position der »Bismarck« 750 Seemeilen westlich von Brest. Tovey folgte ihr, und seine fünf Zerstörer gingen auf Abfangkurs. Die »Swordfish«-Flugzeuge des Flugzeugträgers »HMS Ark Royal« hielten zunächst nur Fühlung, dessen Piloten hatten aber Anweisung, wenn möglich Torpedotreffer zu erzielen, um die Geschwindigkeit der »Bismarck« herabzusetzen. Irrtümlich griffen sie zunächst »HMS Sheffield« an, ohne dabei allerdings Schaden anzurichten.

Gegen 21 Uhr feuerten sie zwei Lufttorpedos auf die »Bismarck« ab. Einer traf das Schiff mittschiffs, ohne es zu beschädigen, der andere hingegen traf mit voller Wucht die Ruderanlage und zwang die »Bismarck« auf nördlichen Kurs. So konnte Tovey sie einholen – die »Bismarck« war nahezu manövrierunfähig. Lütjens gelang es, die wendigen Zerstörer durch eine geschickte Feuerleitung auf Distanz zu halten. Jetzt wären deutsche U-Boote hilfreich gewesen, doch diese operierten entweder

»Swordfish«-Flugzeuge des Flugzeugträgers »HMS Ark Royal«

zu weit entfernt oder hatten keine Torpedos mehr an Bord. Lütjens bat um 7:10 Uhr am 27. Mai darum, ein U-Boot zur Rettung des Kriegstagebuches zu entsenden. In einem Funkspruch hatte er am Abend zuvor der Seekriegsleitung bereits verkündet: »Schiff manövrierunfähig. Wir kämpfen bis zur letzten Granate. Es lebe der Führer.« Um 8:49 Uhr eröffneten »HMS Rodney« und »HMS King George V« aus 20 Kilometern Abstand das Feuer. Da ihr Artilleriestand getroffen war, konnte die »Bismarck« keine gezielte Gegenwehr mehr leisten. Die Artillerie- und Torpedotreffer leiteten ihren Untergang ein, den die Besatzung durch Selbstsprengungen und das Öffnen von Ventilen an Bord beschleunigte. Das Flaggschiff der Kriegsmarine sank am 27. Mai 1941 um 10:36 Uhr westlich von Quessant – und mit ihm kamen 2106 Mann ums Leben.

»HMS Dorsetshire« und der Zerstörer »HMS Maori« retteten 110 Mann, ehe sie wegen drohender U-Boot-Gefahr abliefen. Das Wetterbeobachtungsschiff »Sachsenwald« und U 74 unter dem Kommando von Kapitänleutnant Eitel-Friedrich Kentrat retteten 8 weitere Männer. Kentrat war zur Position der »Bismarck« aufgebrochen, nachdem er den Auftrag erhalten hatte, das Kriegstagebuch entgegenzunehmen.

Hitler machte der Seekriegsleitung schwere Vorwürfe, insbesondere kritisierte er, dass der Verband »HMS Prince of Wales« nicht verfolgt und vernichtet hatte. Dass dieses Verhalten dem befohlenen Operationsplan entsprach, interessierte ihn dabei nicht. Hier wurden Parallelen zu seinem Verhalten Ende 1939 deutlich. Damals war er darüber verärgert gewesen, dass die »Admiral Graf Spee« nicht mit Nachdruck versucht hatte, »HMS Exeter« zu versenken. Aus diesem Grund erließ die Seekriegsleitung 1941 eine Marinedienstvorschrift, in der angeordnet wurde, feindliche Kriegsschiffe fortan kompromisslos zu verfolgen und zu vernichten.

Das Unternehmen »Rheinübung« war unter ungünstigen materiellen Voraussetzungen begonnen worden. Es war von der Idee geleitet gewesen, auch mit großen Kriegsschiffen im Handelskrieg hohe Versenkungserfolge zu erzielen und damit die Notwendigkeit solcher Schiffe zu beweisen. Beides misslang. Das Unternehmen »Rheinübung« war die letzte Operation schwerer Seestreitkräfte der Kriegsmarine im Atlantik. Die Royal Navy und die Royal Air Force waren technisch besser gerüs-

Überlebende der »Bismarck« treiben im Wasser, 110 Mann konnten von »HMS Dorsetshire« gerettet werden.

tet, sie hatten ihre Ortungs-, Peil- und Radarfertigkeiten angepasst und entwickelten sie laufend weiter. Die britische Luftüberlegenheit lähmte die Bewegungsfreiheit deutscher Einheiten, und die große Zahl gegnerischer Kriegsschiffe machte es immer schwerer, Handelskrieg zu führen.

Die Lage Mitte 1941

Die Bilanz der einsatzbereiten Großkampfschiffe zum Ende des ersten Halbjahres 1941 las sich ernüchternd. Das Schlachtschiff »Tirpitz« lag in Gotenhafen, der Schwere Kreuzer »Admiral Scheer« in Kiel. Sein Schwesterschiff »Lützow« befand sich seit 14. Juni in der Kieler Werft. Der Schwere Kreuzer »Prinz Eugen« war in Brest, wo er am 8. Juli einen schweren Bombentreffer erhielt. Die Schlachtschiffe »Scharnhorst« und »Gneisenau« lagen ebenfalls dort – die »Gneisenau« war nicht einsatzbereit, und die »Scharnhorst« wurde Ende Juli während einer Versorgungsfahrt nach La Pallice von fünf britischen Flugzeugen bombardiert.

Zur Sicherung der aus dem Atlantik zurückkehrenden Einheiten – dem Hilfskreuzer »Thor«, dem Trossschiff »Nordmark« und dem Schweren Kreuzer »Prinz Eugen« – verlegten Z 14 »Friedrich Ihn«, Z 15 »Erich Steinbrink« und Z 8 »Bruno Heinemann« vom 4. bis 6. April nach Brest, am 19. April weiter nach La Pallice. Sie waren die letzten größeren Einheiten, die aus Deutschland kommend in Brest einliefen.

Anders sah es bei den U-Booten aus, die im ersten Halbjahr 1941 beachtliche Versenkungserfolge erzielen konnten und ihren Einsatzraum in den mittleren Atlantik ausdehnten. Der erhöhte Zulauf deutscher U-Boote vom Typ IX ermöglichte diese Erweiterung des Aktionsradius. Allerdings funktionierte die Zusammenarbeit mit den italienischen U-Booten nicht so reibungslos wie erhofft, da deren Bauweise und die Ausbildung der italienischen Mannschaften nicht mit den deutschen Einsatzgrundsätzen harmonierten.

Während seiner Lagevorträge bei Hitler betonte Raeder immer wieder die Leistungsfähigkeit der deutschen U-Boot-Waffe. Allerdings präsentierte er dabei vielfach Zahlenmaterial, das nur auf den Angaben der Kommandanten beruhte. Teilweise waren diese Zahlen geschönt, und einige »Schiffsversenkungen« waren lediglich »Schiffsbeschädigungen« gewesen. Augenfällig ist, dass bis Ende Mai 1941 nur wenige

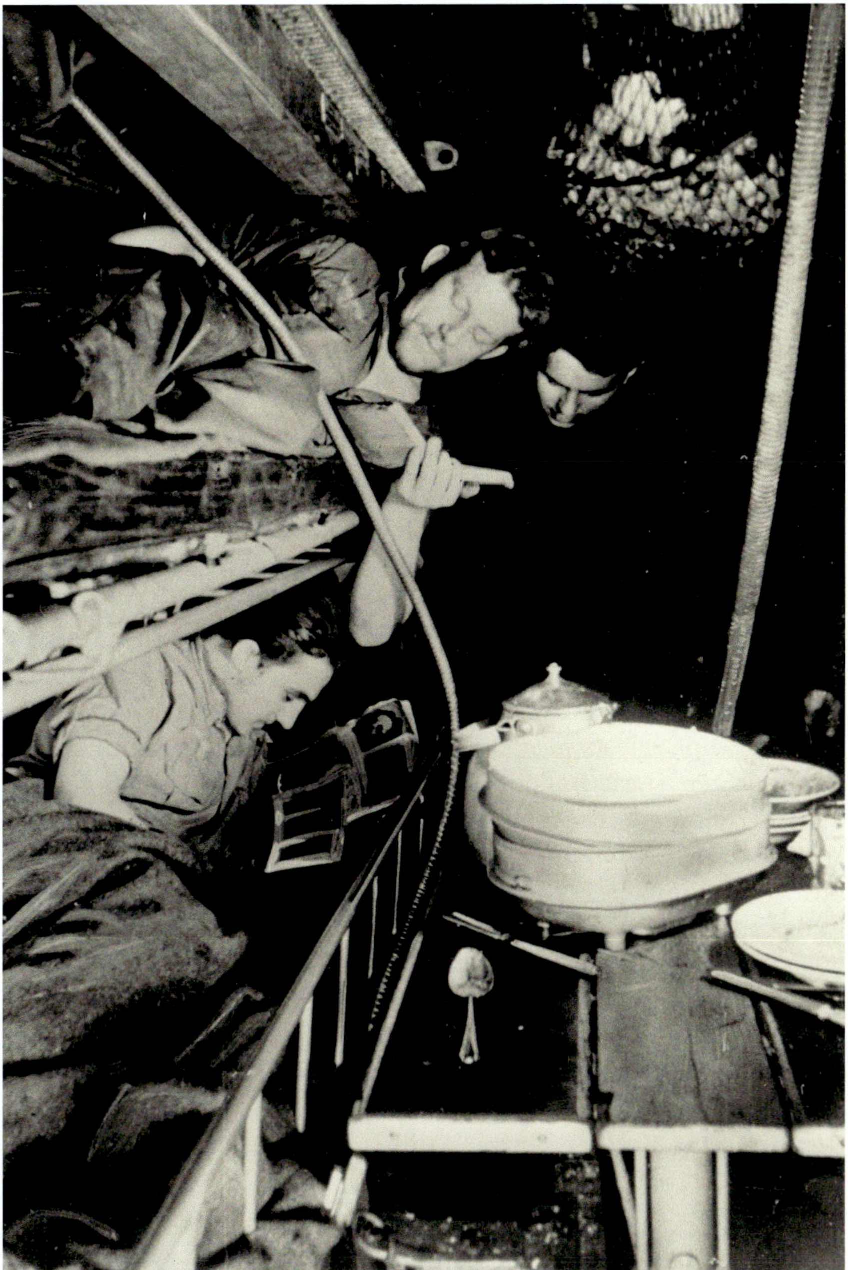

Freiwache im Bugraum eines U-Bootes. Enge bestimmte das Leben an Bord.

U-Boote ohne Versenkungserfolge von ihren Einsatzfahrten zurückkehrten. Seit Juni 1941 hingegen verliefen immer wieder Feindfahrten erfolglos. Die Briten leiteten dank Abhörerfolgen ihre Konvois so um, dass sie jene Seegebiete, in denen sich deutsche U-Boote befanden, meiden konnten.

War ein Konvoi von einem deutschen U-Boot entdeckt worden, konnten die Briten den Funkverkehr des U-Bootes mit dem BdU-Stab einpeilen und so Geleitzerstörer auf das Boot ansetzen. Sie hatten aber nicht nur ihre Funkpeilmethoden stetig verbessert. Bedeutender war, dass es der Royal Navy im Frühjahr 1941 auch gelungen war, den U-Boot-Schlüsselkreis »Heimisch[e Gewässer]« des Verschlüsselungsgerätes »Enigma« mitzulesen. Wie war es dazu gekommen?

Beim Angriff auf den Geleitzug OB 318 am 9. Mai 1941 hatte U 110 unter dem Kommando von Kapitänleutnant Lemp zwei britische Handelsschiffe versenkt. Trotz eines sofort eingeleiteten Tauchmanövers gelang es ihm jedoch nicht, sein Boot rechtzeitig vor Wasserbomben in Sicherheit zu bringen. Das Boot tauchte schwer beschädigt auf, und der Kommandant befahl der Besatzung, von Bord zu gehen, da der britische Zerstörer » HMS Bulldog« auf Rammkurs war. Lemp, offenbar überzeugt, dass das Boot sinken werde, sprang ins Wasser. Er sah keine Gelegenheit, eine Selbstversenkung herbeizuführen und Geheimmaterial zu vernichten. »HMS Bulldog« stoppte jedoch rechtzeitig, und die Briten enterten das U-Boot. So gelangten sie in den Besitz einer Enigma M3, einiger Geheimunterlagen und des U-Boot-Schlüsselkreises »Heimisch«. Der Vorgang blieb der deutschen Seekriegsleitung verborgen – in Berlin ging man davon aus, dass U 110 verschollen war. Tatsächlich waren 32 Besatzungsangehörige in britische Kriegsgefangenschaft geraten. Sie hatten den Vorgang aber nicht bemerkt. Lemp und 14 weitere Männer starben. Der Versuch, das geenterte U-Boot in das britisch besetzte Island zu schleppen, misslang. Es sank nach zwei Tagen.

Wenig später gelang es den Briten außerdem, ein Kurzsignalbuch für Wettermeldungen zu erbeuten. U-Boote sendeten ihre Wetterbeobachtungen verschlüsselt an Wetterbeobachtungsschiffe oder feste Marinewetterstationen. Diese gaben sie aber mit einem weniger sicheren Schlüssel an andere Wetterstationen weiter. Britische Kryptoanalytiker konnten fortan alle mit Enigma M3 verschlüsselten Nachrichten mitlesen.

Der U-Boot-Krieg im Atlantik, April–Dezember 1941

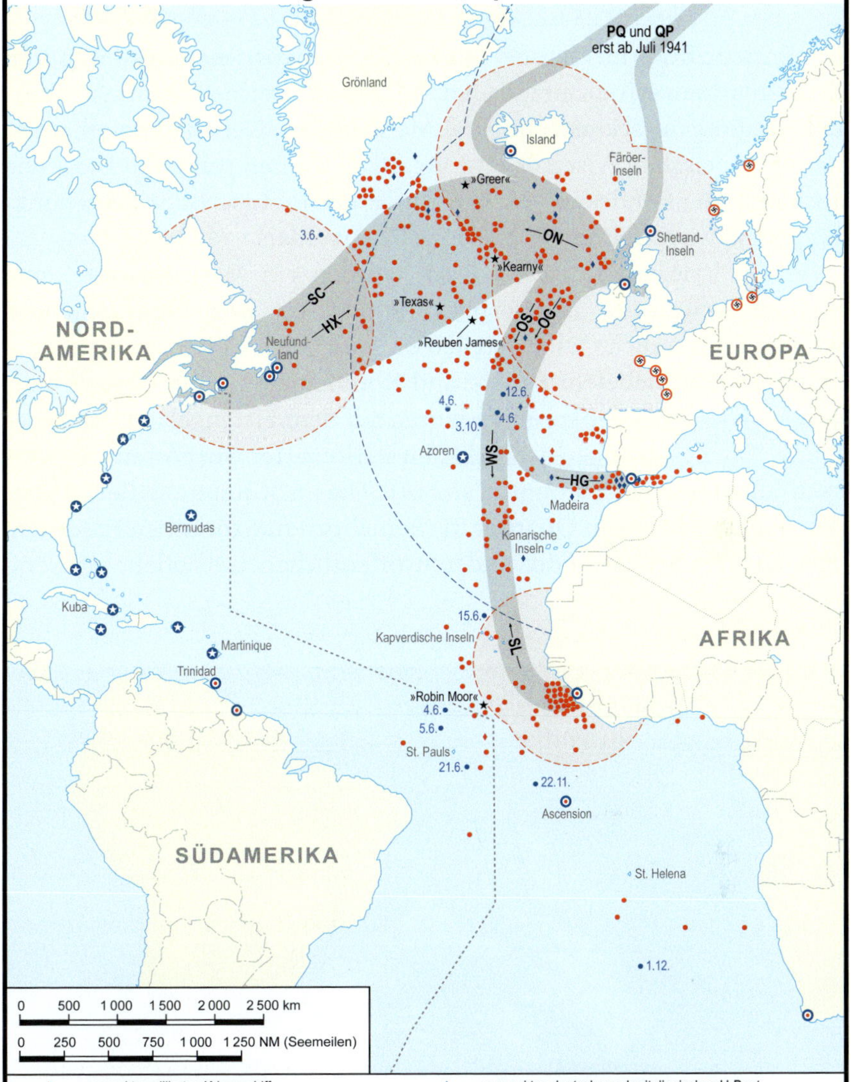

Quelle: Rahn: Der Seekrieg im Atlantik und Nordmeer.
In: Das Deutsche Reich und der Zweite Weltkrieg, Bd. 6, S. 285.

Marinealltag im besetzten Brest

Der Entscheidung im Oktober 1940, in den französischen Küstenstädten Kriegsmarinewerften aufzubauen, folgten weitreichende infrastrukturelle und organisationstechnische Maßnahmen. Neben den vorhandenen französischen Arsenal- und Werftkapazitäten sollten in Brest wie auch in Lorient und Saint-Nazaire zusätzlich je ein U-Boot-Stützpunkt für jeweils zwei U-Boot-Flottillen gebaut werden.

In der Kriegsmarinewerft Brest wurden ein Marinelazarett, eine Standortverwaltung, ein Verpflegungsamt, ein Bekleidungsamt und weitere erforderliche Dienststellen eingerichtet. Außerdem waren die Stäbe des Marinebefehlshabers und Kommandanten der Seeverteidigung sowie des Hafenkommandanten auf dem Hafengelände untergebracht. Die Besatzungen der im Hafen stationierten Vorposten-, Minensuch- und Hilfsboote wohnten an Bord. Die im Stützpunkt diensttuenden Soldaten bezogen Quartier in ehemaligen französischen Kasernen, aber auch in Schulen oder anderen öffentlichen Gebäuden, während

Soldaten feiern in einem Bordell in Brest, das in einer ehemaligen Synagoge eingerichtet war, Sommer 1940.

Offiziere und weibliche Angestellte in Hotels oder in beschlagnahmten Wohnungen wohnten.

Das Personal der beiden U-Boot-Flottillen umfasste ungefähr 1600 Mann und musste ebenfalls untergebracht werden. In Brest nutzte die 1. U-Flottille beispielsweise die ehemalige französische Marineschule. Die 9. U-Flottille bezog das Brester Krankenhaus. Für ihre U-Boot-Besatzungen richtete die 1. U-Flottille ein Erholungsheim im *Hôtel des Bains* in Trez Hir ein. Die Offiziere der U-Boote erholten sich abseits ihrer Besatzungen im Château Rosmorduc bei Logonna-Daoulas oder im Château Quillien bei Brasparts. In Brest besuchten sie gern die Lokale *Moulin Rouge* oder *Sheherezade*. Für die Mannschaften und Unteroffiziere entstand ein Soldatenheim – auf Kosten der französischen Kommune. In eigens eingerichteten Bordellen überwachte der deutsche Sanitätsdienst aus Sorge vor Geschlechtskrankheiten die Einhaltung von Hygieneregeln und kontrollierte in Zusammenarbeit mit heimischen Ärzten die Gesundheit der dort arbeitenden Französinnen.

Für Freizeitaktivitäten und sportliche Wettkämpfe nutzten die Soldaten Einrichtungen und Sportstätten der Hafenstadt. Die Kinos zeigten deutsche Filme, im Stadttheater führten Theatergruppen aus Deutschland Stücke auf und eine Standortbücherei stellte Bücher bereit. Die deutschsprachige Zeitung »Gegen Engeland« versorgte die Marineeinheiten in der Bretagne mit den jüngsten Neuigkeiten. Den Heimaturlaub konnten die Soldaten bequem mit dem täglich zwischen Kiel und Brest verkehrenden BdU-Zug antreten.

Das Verhältnis zwischen der französischen Zivilbevölkerung und deutschen Besatzern beschrieben beide Seiten als höflich-reserviert. Im städtischen Alltag fielen die Deutschen kaum auf. Anders in den kleineren Orten in der Umgebung, in denen Schiffsbesatzungen häufig einquartiert wurden, wenn sie aufgrund von Instandsetzungsarbeiten nicht an Bord bleiben konnten. Übergriffe, Trinkgelage und Ruhestörungen führten dort immer wieder zu Konflikten zwischen der lokalen Bevölkerung und Marineangehörigen, sobald diese der militärischen Kontrolle entzogen waren. Abhilfe verschaffte erst der Bau eines »Flottenlagers«, in dem die Besatzungen unter militärischer Kontrolle und fernab der Bevölkerung untergebracht wurden.

Das Leben in Brest verlief weitgehend normal. Vorpostenfahrer berichteten von fliegenden Händlern, die den Besatzungen an Bord Ge-

Eine Rot-Kreuz-Schwester verteilt Tüten mit frischem Obst an Besatzungsangehörige der 1. U-Boot-Flottille in Brest, Juli 1941.

müse, Fisch oder Obst verkauften. Auch an französischen Gottesdiensten nahmen deutsche Soldaten teil. Doch das Verhältnis zwischen Deutschen und Franzosen änderte sich mit dem Angriff auf die Sowjetunion im Sommer 1941. Die Kommunistische Partei rief nun zu Aktionen gegen die Besatzungsmacht auf. Fortan durften Angehörige der Kriegsmarine nur noch zu zweit und mit einem Bajonett bewaffnet in die Stadt gehen. Zwielichtige Kneipen, dunkle Ecken und Gassen sollten gemieden werden. Bewaffnete Marinestreifen patrouillierten in den Hafenstädten. Aufgrund der vielen Besatzungssoldaten kam es aber in den Küstengegenden zunächst zu keinem offenen Aufstand. Die französische Widerstandsbewegung erhielt erst ab Februar 1943 durch die Einführung des Pflichtarbeitsdienstes für die Geburtenjahrgänge 1920 bis 1922 mehr Zulauf.

Die Stützpunktanlagen in Brest wurden allerdings unmittelbare Ziele der Royal Air Force, deren Bomben auch Stadt und Zivilbevölkerung trafen. Ab Mitte 1941 gingen britische Verbände zu massiven Luftangriffen über. Am 24. Juli 1941 wurde Brest schwer getroffen.

Der Teilabzug deutscher U-Boote

In der zweiten Jahreshälfte 1941 musste Dönitz U-Boote aus dem Atlantik abziehen, um sogenannte Nebenkriegsschauplätze wie die Ostsee und das Nordpolarmeer zu bedienen, in denen Unterseeboote seit Juni 1941 gegen die Sowjetunion operierten. Dafür stellte Dönitz von Juli 1941 bis August 1942 38 Boote vom Typ VII C bereit. Von September 1941 bis August 1942 ließ er 28 Boote ins Mittelmeer verlegen, die dem Heer bei den Operationen in Nordafrika den Rücken freihalten sollten. Weitere sechs Boote schickte er ab Oktober ins Schwarze Meer. Im November 1941 forderte die Seekriegsleitung 14 U-Boote zur Begleitung von Trossschiffen, Blockadebrechern, Hilfskreuzern und Prisen an. Der Krieg im Nordatlantik kam auf diese Weise fast gänzlich zum Erliegen. Zeitweise standen nur fünf bis zehn Frontboote zur Verfügung, da auch die Daueraufgabe der U-Boot-Flottillen, die Wetterbeobachtung für die Luftwaffe, bestehen blieb.

Der U-Boot-Krieg im Atlantik »litt« aber nicht nur darunter, dass die vorhandenen Boote auf immer neuen Kriegsschauplätzen zum Einsatz kamen. Gleichzeitig wurde die Lage in den französischen Stützpunkten durch Luftangriffe der Royal Air Force immer gefährlicher. Beispielsweise lief U 171 unter Kapitänleutnant Günther Pfeffer am 9. Oktober 1942 unmittelbar vor Lorient auf eine aus der Luft abgeworfene Mine und sank; der Kommandant war gerade von seiner Einsatzfahrt aus dem Golf von Mexiko zurückgekehrt. Deutsche U-Boote gelangten nur noch unter Schwierigkeiten in den Atlantik.

↗ **Unternehmen »Cerberus«: erfolgreicher Durchbruch der deutschen Kriegsschiffe »Scharnhorst«, »Gneisenau« und »Prinz Eugen« durch den Ärmelkanal im Februar 1942**

4 Großkampfschiffe zurück ins Reich und U-Boote gen Westen

Das letzte Quartal des Jahres 1941 war von Umbrüchen in der Seekriegführung geprägt, da Deutschland aus Sorge vor einer britischen Invasion in Norwegen das bisherige seestrategische Konzept im Atlantik aufgab. Hitler war davon überzeugt, dass die Briten diese Invasion planten. Immer wieder befahl er der Seekriegsleitung, Norwegen seeseitig besser zu schützen. Spätestens seit Oktober 1941 war der schwindende Einfluss des Oberbefehlshabers der Kriegsmarine gegenüber Hitler deutlich zu spüren. Da für Hitler die Verteidigung Norwegens Vorrang hatte, konnte Raeder die Großkampfschiffe nicht, wie von ihm geplant, im Atlantik einsetzen. Die »Admiral Scheer« durfte er nur noch in die Ostsee oder nach Norwegen verlegen. Auch die Rückkehr der drei Großkampfschiffe aus Brest in die Heimathäfen war für Hitler Ende 1941 beschlossene Sache: »Sie wissen, dass ich früher ein Verfechter der ganz großen Schiffe gewesen bin und wie sehr mein Herz an ihnen hängt. Ihre Zeit ist aber vorbei. Die Luftgefahr ist zu groß und die Luftwaffe nicht in der Lage, für ausreichenden Schutz zu sorgen. In Norwegen mag es noch gehen, auf hoher See ist es unmöglich. Man muss aus einer veränderten Lage die Konsequenzen ziehen und die Dinge ganz nüchtern so sehen, wie sie wirklich sind.« Am 12. Januar 1942 wurde Hitler noch deutlicher. Er verglich die Lage der »Brest-Gruppe« mit der eines Krebskranken, »welcher ohne Operation bestimmt kaputt geht, während eine Operation, die zwar eine ›Rosskur‹ ist, gewisse Aussichten auf Rettung des Patienten hat. Daher muss die Operation des Kanalmarsches durchgeführt werden.«

Unternehmen »Cerberus«

Als Hitler zehn Tage später eindeutige Anzeichen für eine bevorstehende Invasion in Norwegen zu erkennen meinte, verlegte die Seekriegsleitung zunächst Ende Januar 1942 die »Tirpitz« nach Norwegen. Vizeadmiral Otto Ciliax leitete anschließend die Rückführung der drei Großkampfschiffe »Gneisenau«, »Scharnhorst« und »Prinz Eugen« vom 11. bis 13. Februar 1942. Es gelang der Kampfgruppe, unbemerkt aus Brest auszulaufen und den Ärmelkanal zu erreichen. Dort gewährleistete ein Großaufgebot an kleineren Fahrzeugen die Durchfahrt. Das Unternehmen »Cerberus« folgte dem Grundsatz Hitlers vom 7. Februar: »Jedes Schiff, das nicht in Norwegen eingesetzt ist, ist fehl am Platze.«

Obwohl der Durchbruch durch den Englischen Kanal gelang, standen die drei Großkampfschiffe anschließend nicht für die Sicherung Nordnorwegens zur Verfügung. Die »Prinz Eugen« erhielt auf der Weiterfahrt nach Norwegen einen Torpedotreffer und musste notdürftig instand gesetzt werden. Erst Mitte Mai konnte sie nach Kiel verlegt werden, um ein neues Heck zu erhalten. Sie war monatelang nicht einsatzfähig. Zwei weitere Verlegungsversuche nach Norwegen im Jahr 1943 scheiterten. Die »Gneisenau« erhielt einen Minentreffer und musste in die Werft nach Kiel. Dort wurde das Schiff in der Nacht vom 26. auf den 27. Februar 1942 bei einem Bombenangriff beschädigt. Die Instandsetzungsarbeiten wurden im Februar 1943 unterbrochen. Ihre schwere und mittlere Schiffsartillerie nutzte die Kriegsmarine fortan als Küstenbatterien in Norwegen, Dänemark, den Niederlanden und auf der Insel Wangerooge. Die »Scharnhorst« lief während des Unternehmens »Cerberus« zweimal auf Grundminen und fiel für mehr als acht Monate ebenfalls aus, bevor sie im März 1943 von Wilhelmshaven nach Norwegen verlegte.

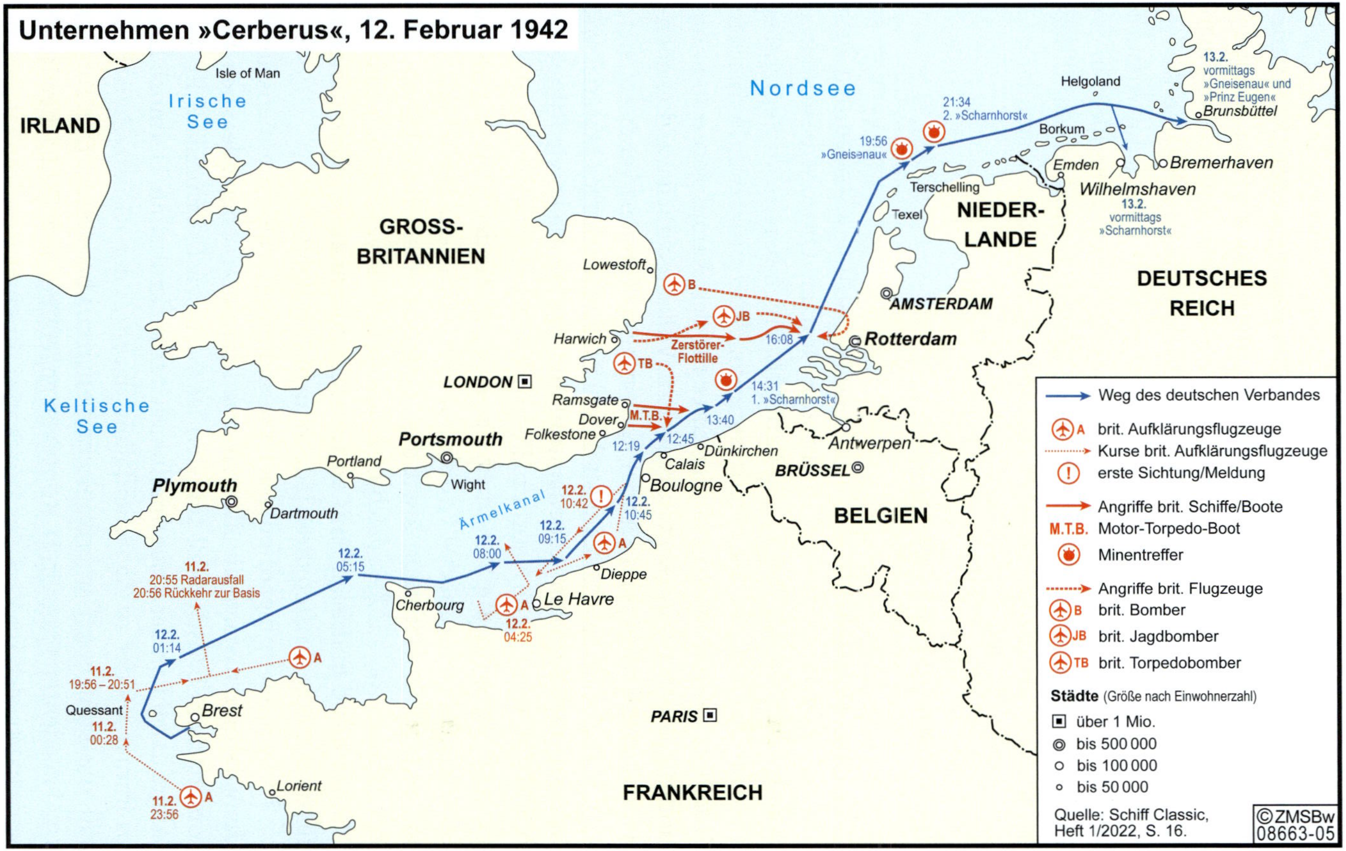
Unternehmen »Cerberus«, 12. Februar 1942
IRLAND
Isle of Man
Irische See
Keltische See
GROSS-BRITANNIEN
Nordsee
Lowestoft
Harwich
LONDON
Ramsgate
Dover
Folkestone
Portsmouth
Portland
Wight
Plymouth
Dartmouth
Ärmelkanal
Cherbourg
Le Havre
Dieppe
Boulogne
Calais
Dünkirchen
Brest
Quessant
Lorient
PARIS
FRANKREICH
BELGIEN
BRÜSSEL
Antwerpen
Rotterdam
AMSTERDAM
Texel
Terschelling
NIEDER-LANDE
Borkum
Emden
Helgoland
Wilhelmshaven
Bremerhaven
Brunsbüttel
DEUTSCHES REICH
11.2. 23:56
11.2. 00:28
11.2. 19:56 – 20:51
11.2. 20:55 Radarausfall 20:56 Rückkehr zur Basis
12.2. 01:14
12.2. 05:15
12.2. 08:00
12.2. 04:25
12.2. 09:15
12.2. 10:42
12.2. 10:45
12:19
12:45
13:40
14:31 1. »Scharnhorst«
16:08
Zerstörer-Flottille
M.T.B.
19:56 »Gneisenau«
21:34 2. »Scharnhorst«
13.2. vormittags »Scharnhorst«
13.2. vormittags »Gneisenau« und »Prinz Eugen«
Weg des deutschen Verbandes
brit. Aufklärungsflugzeuge
Kurse brit. Aufklärungsflugzeuge
erste Sichtung/Meldung
Angriffe brit. Schiffe/Boote
M.T.B. Motor-Torpedo-Boot
Minentreffer
Angriffe brit. Flugzeuge
brit. Bomber
brit. Jagdbomber
brit. Torpedobomber
Städte (Größe nach Einwohnerzahl)
über 1 Mio.
bis 500 000
bis 100 000
bis 50 000
Quelle: Schiff Classic, Heft 1/2022, S. 16.
©ZMSBw 08663-05

Seit dem 11. Februar waren keine deutschen Großkampfschiffe mehr an der Atlantikküste stationiert. Raeder bezeichnete diese Rückverlegung in seinen 1956/57 veröffentlichten Memoiren als einen »strategischen Rückzug«. Die Kehrtwende der strategischen Ausrichtung markierte vor allem das Scheitern Raeders, zeigte aber auch seine Bereitschaft, den »Führer«-Befehlen bedingungslos zu folgen. Im Atlantik führte fortan die U-Boot-Waffe den Kampf gegen das vor allem in der Luft immer stärker werdende Vereinigte Königreich und dessen Alliierte, an deren Seite seit Dezember 1941 auch offiziell die USA standen.

Unternehmen »Paukenschlag«

Im Kampf gegen deutsche U-Boote konnte sich Großbritannien auch auf die Vereinigten Staaten von Amerika stützen. Obwohl diese neutral waren, hatte die US-Regierung Großbritannien bereits im September 1940 im Gegenzug für die Überlassung von Stützpunkten auf britischen Inseln in der Karibik 50 alte Zerstörer für den Kampf gegen U-Boote und zur Sicherung von Konvois gegeben. Völkerrechtlich war dies ebenso unzulässig wie das im Februar 1941 vom US-Kongress verabschiedete »Leih- und Pachtgesetz«. Dieses sah vor, kriegswichtiges Material wie Waffen und Munition, Lebensmittel und Treibstoffe sowie Fahrzeuge und Flugzeuge an jede Nation zu liefern, wenn der US-Präsident dies als lebenswichtig für die Sicherheit des eigenen Landes hielt. Zu diesen Staaten gehörten zunächst Großbritannien, nach dem deutschen Überfall auch die Sowjetunion sowie das von Japan angegriffene China. Andere sollten folgen. Zeitgleich begann die US Navy, Konvois zwischen Neufundland und Island mit eigenen Zerstörern zu begleiten; angreifende U-Boote durften diese jedoch nicht verfolgen.

Trotz dieser immer offeneren Unterstützung Großbritanniens durch die Vereinigten Staaten wollte Hitler jeden militärischen oder auch diplomatischen Zwischenfall mit den USA zunächst vermeiden. Er verlangte daher von der Kriegsmarine, sich zurückzuhalten. Dennoch kam es immer wieder zu Zwischenfällen, darunter der »Greer«-Zwischenfall, die das deutsch-amerikanische Verhältnis belasteten. Der Ton des US-Präsidenten Franklin D. Roosevelt gegenüber dem Deutschen Reich verschärfte sich im Lauf des Jahres 1941. In einer Rundfunkansprache am 12. September sagte er: »Die Greer-Affäre war nicht nur eine Episode, sondern ein entschlossener Anfang für die Schaffung einer dauernden Weltherrschaft auf der Grundlage der Gewalt, des Terrors und des Mordes. [...] Es ist nun die Zeit gekommen, da Sie und ich die unweigerliche Notwendigkeit erkennen müssen, diesen unmenschlichen unbeherrschten Welteroberern entgegenzutreten, damit unsere Kinder und Kindeskinder nicht in Sklaverei geraten.«

Nach »Greer« kam es zu weiteren Zwischenfällen: Am 17. Oktober beteiligte sich der Zerstörer »USS Kearny« an der Jagd nach U-Booten, die einen aus Kanada kommenden Konvoi nach Island angegriffen hatten. U 568 griff daraufhin den Zerstörer an und beschädigte diesen. Elf tote und 22 verwundete US-Seeleute waren die ersten Opfer in einem nicht erklärten Krieg zwischen den Vereinigten Staaten und dem Deutschen Reich. Gravierender war ein weiterer Zwischenfall am 30. Oktober. Nachdem der US-Zerstörer »USS Reuben James« als Geleitschutz für den Konvoi HX 156 Wasserbomben auf U 552 unter dem Kommando von Kapitänleutnant Erich Topp geworfen hatte, schoss dieser am

Der »Greer«-Zwischenfall

Der Zerstörer »USS Greer« war allein auf dem Weg nach Island, als am 4. September 1941 eine U-Boot-Warnmeldung von einem britischen Patrouillenflugzeug einging. Die in der Nähe befindlichen Schiffsgruppen waren womöglich in Gefahr. Während »USS Greer« begann, das U-Boot zu suchen, warf das Flugzeug vier Wasserbomben an der Stelle ab, an der dieses zuletzt gesichtet worden war. Über der angegebenen Position verhinderte der Zerstörer durch seine Manöver dessen Auftauchen. Nachdem U 652, das unter dem Kommando von Oberleutnant zur See Georg-Werner Fraatz stand, – erfolglos – zwei Torpedos auf »USS Greer« abgefeuert hatte, warf diese Wasserbomben auf das U-Boot ab – ebenfalls erfolglos.

Der Zwischenfall führte zu einer deutlichen Verschlechterung der amerikanisch-deutschen Beziehungen. Die Rundfunkansprache des US-Präsidenten am 12. September stellte den Vorgang allerdings stark verkürzt dar. Bereits einen Tag zuvor hatte Roosevelt US-Kriegsschiffe angewiesen, U-Boote innerhalb der Neutralitätszone sofort anzugreifen, wenn diese gesichtet würden: *shoot on sight order* (Schießbefehl bei Sichtung).

Die »USS Reuben James« war das erste US-Kriegsschiff, das in der Atlantikschlacht versenkt wurde. Karikatur des Pulitzer-Preisträgers Daniel R. Fitzpatrick (1891–1969), 1. November 1941.

nächsten Morgen zwei Torpedos auf den Zerstörer. Dieser explodierte und sank. Damit war »USS Reuben James« das erste amerikanische Kriegsschiff, das vor Beginn des Krieges mit den USA versenkt worden war: 100 US-Seeleute fielen, nur 44 konnten gerettet werden.

Trotz dieser Zwischenfälle blieben die Vereinigten Staaten neutral. Es war Hitler, der nach dem japanischen Überfall auf die US-Flotte in Pearl Harbour und den anschließenden Angriffen auf US-amerikanische, britische und niederländische Besitzungen in Fernost den Vereinigten Staaten den Krieg erklärte. Noch bevor der Dreimächtepakt zwischen dem Deutschen Reich, Italien und Japan, der gegenseitige Unterstützung nur im Falle eines Angriffs auf einen Bündnispartner vorsah, angepasst worden war, hatten Hitler und der italienische Ministerpräsident Benito Mussolini der japanischen Regierung ihre Unterstützung zugesichert, falls diese sich zur »Selbsthilfe« gegen Amerika veranlasst sehen würde. Am 11. Dezember hatten die Mächte den bestehenden Vertrag entsprechend geändert. Am gleichen Tag übergab Hitlers Außenminister Joachim von Ribbentrop dem Geschäftsträger der Vereinigten Staaten in Berlin, Leland B. Morris, die deutsche Kriegserklärung. In dieser nahm er ausdrücklich Bezug auf die Zerstörer-Zwischenfälle. Hitlers Motive sind in der Forschung strittig, es spricht aber viel dafür, dass er damit die »Flucht nach vorn« (Bernd Wegner) antreten wollte. Da Hitler ohnehin keinen Zweifel daran hegte, dass die Vereinigten Staaten über kurz oder lang in den Krieg gegen NS-Deutschland eintreten würden, wollte er lieber selbst den Krieg erklären, um seine Handlungsfreiheit und seine Solidarität mit Japan zu demonstrieren.

Die Kriegsmarine hatte damit Klarheit. Sie konnte nun im Atlantik Krieg führen, ohne Rücksicht auf einen neutralen Staat nehmen zu müssen. Es war daher nur konsequent, fortan mit U-Booten auch US-Handelsschiffskonvois vor der ostamerikanischen Küste anzugreifen. Für derartige Einsätze standen aufgrund der Entfernung lediglich die U-Boote des Typs IX zur Verfügung. Die etwa 14-tägige Überfahrt sollte mit einer Marschgeschwindigkeit von zehn Knoten bewältigt werden, um Brennstoff zu sparen. Tauchfahrten sollten nur durchgeführt werden, um sich der Aufklärung oder eines Angriffs zu entziehen. Für lange Tauchfahrten waren die deutschen U-Boote nicht ausgelegt, da ihre Batterien immer wieder aufgeladen werden mussten. Die meiste Zeit liefen sie deswegen aufgetaucht mit Dieselantrieb.

Die Anzahl der für die Ostküste der USA vorgesehenen einsatzfähigen U-Boote war überschaubar. Nur sechs U-Boote konnten eiligst ausgerüstet werden, wobei eines, U 502, bereits am 22. Dezember mit Maschinenschaden wieder in den Hafen von Lorient einlief, den es vier Tage zuvor gemeinsam mit U 125 verlassen hatte. Vom 23. bis 27. Dezember stachen U 123, U 66, U 130 und U 109 in See. Diese fünf Boote bildeten die sogenannte Erste Welle des Unternehmens »Paukenschlag«, unter welchem

Namen auch alle Folgeoperationen subsumiert wurden, wenn U-Boot-Gruppen vor der Ostküste der USA oder in der Karibik operierten.

Am 13. Januar 1942 hatten drei U-Boote vor der ostamerikanischen Küste ihre Positionen eingenommen, zwei weitere patrouillierten vor der kanadischen Küste. Ihre Angriffe trafen die Amerikaner völlig überraschend, da diese keine deutschen U-Boote in diesen Seegebieten erwartet hatten. Die Hinweise des britischen *Submarine Tracking Room* hatten sie ignoriert und keinerlei Vorkehrungen getroffen. Die Handelsschiffe fuhren mit gesetzten Positionslampen und ohne Geleitschutz. Als das letzte U-Boot dieser »Ersten Welle« das Einsatzgebiet am 6. Februar verließ, waren 23 Schiffe mit über 150 000 BRT versenkt wor-

den. In einer fast zeitgleich in Marsch gesetzten »Zweiten Welle« änderte Dönitz seine bisherige Strategie: Unerwartet setzte er auch die kleineren Boote vom Typ VII C ein. Sie operierten vornehmlich im nördlichen Atlantik bis an die kanadische und ostamerikanische Küste. Die zehn Boote versenkten insgesamt 18 Schiffe mit über 85 000 BRT.

Selbst bei sparsamer Fahrweise war der Einsatz dieser U-Boote zeitlich und räumlich begrenzt, aber eine Nachversorgung mit Treibstoff konnte ihre Stehzeit verlängern. Dafür standen teilweise Versorgungsschiffe abseits der Seewege zur Verfügung und ab April 1942 auch die erste sogenannte Milchkuh, ein Typ-XIV-U-Boot-Tanker, das U 459.

Bis Kriegsende setzte die Kriegsmarine U-Boote vor der US-Küste

Der Öltanker »SS Pennsylvania Sun« brennt nach einem Torpedotreffer durch U 571, 15. Juli 1942 (nachträglich kolorierte Aufnahme). 57 Besatzungsmitglieder konnten gerettet werden, 2 starben.

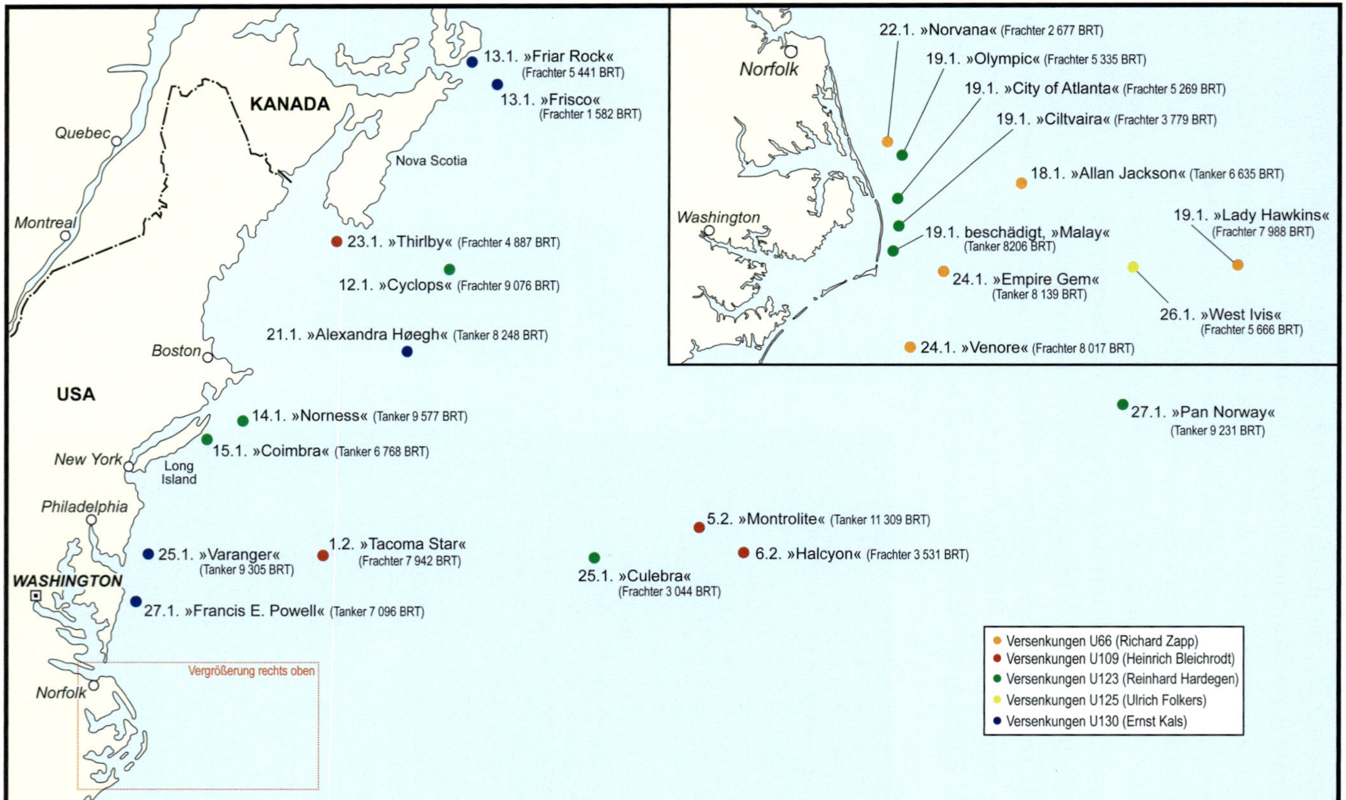

Unternehmen »Paukenschlag«, 18. Dezember 1941 bis 6. Februar 1942

ein. Die meisten Versenkungen erzielten sie im ersten Halbjahr 1942. Die verstärkte Sicherung neu eingerichteter Konvois und die massive Aufrüstung mit Geleitzerstörern leitete schließlich ab August/September 1942 die Wende beim »Paukenschlag« ein. Bis August 1942 versenkten deutsche U-Boote in nord- und mittelamerikanischen Gewässern ca. 610 Schiffe mit knapp 3 130 000 BRT. Die Verluste trafen die Alliierten hart, da deutsche U-Boote auch im westlichen Atlantik operierten, um die Konvoiroute aus Freetown zu bedrohen. Eingeleitete Gegenmaßnahmen sollten helfen, das Blatt zu wenden. Zuvor spielte aber ein technischer Zufall den Deutschen in die Hände: Die Einführung der Enigma M4 im Februar 1942 führte dazu, dass die Briten den deutschen Funkverkehr für gut zehn Monate nicht mehr entschlüsseln konnten – eine Phase des Blackout für die britischen Dechiffrierer.

Versorgung in See

Bei der Versorgung der Überwassereinheiten in See verfügte die Kriegsmarine bereits über Erfahrungswerte; die der U-Boote sollte zunächst mit U-Boot-Flottentendern erfolgen, die aber tatsächlich nicht zum

Übernahme von Gütern: »Milchkuh« U 459 beliefert U 571, April 1942.

Einsatz kamen. Stattdessen setzte die Kriegsmarine auf die Entwicklung von größeren Versorgungstauchbooten vom Typ XIV. Von ursprünglich 24 geplanten Booten wurden aber lediglich zehn Einheiten fertiggestellt. Mit diesen »Milchkühen« schuf die Kriegsmarine die Voraussetzungen, um den Aktionsradius deutscher U-Boote zu vergrößern. Ende März 1942 brach U 459 in den Atlantik auf und versorgte 15 U-Boote mit Brennstoff, Proviant und Schmieröl.

Neben den U-Boot-Tankern standen den U-Booten aber auch die in See stehenden Trossschiffe zur Verfügung. Zusätzlich plante die Kriegsmarine Zufuhrschiffe einzusetzen wie den ehemaligen Bananendampfer »Python«. Im Atlantik operierende U-Boote hatten auch die Möglichkeit, in den spanischen Häfen El Ferrol, Cadiz oder Vigo während der Nacht oder an in spanischen Gewässern liegenden Trossschiffen zu bunkern. U-Boote, die sich im Operationsgebiet trafen oder während des An- und Rückmarsches begegneten, halfen sich gegenseitig mit Proviant aus oder übergaben einander neues Schlüsselmaterial.

Mit U 116 stand der Marine ab Mai 1942 ein weiterer U-Boot-Tanker zur Verfügung, der als U-Boot-Minenleger (Typ-X-B-Boot) gebaut worden war. U 116 galt seit dem 6. Oktober 1942 als verschollen, bis dahin hatte es seit Mai 1942 zahlreiche U-Boote versorgt. Die Schwesterboote U 117 (versenkt am 7. August 1943), U 118 (versenkt am 12. Juni 1943), U 119 (versenkt am 24. Juni 1943) und U 220 (versenkt am 28. Oktober 1943) wurden ebenfalls als U-Boot-Tanker genutzt. Die U-Boote vom Typ XIV wurden auf der Grundlage der hochseetauglichen Typ-IX-D-U-Boote konstruiert und seit 1940 bei der Deutsche Werke Kiel AG gebaut. Die Konstruktionsabteilung der Marine versuchte, die Typen VII und IX immer weiterzuentwickeln, um Seeausdauer, Tauchtiefe und Standfestigkeit zu optimieren.

↗ Versenkung eines deutschen U-Bootes durch Consolidated PB4Y-Bomber der US Navy und B-25-Bomber der US Air Force südwestlich von Ascension Island

5 Von Jägern zu Gejagten

Die Alliierten – Jagd auf die U-Boote

Die Operationen der deutschen und italienischen U-Boote vor der nordamerikanischen Ostküste, in der Karibik und vor den Westindischen Inseln hatten die Alliierten ebenso überrascht wie die Einführung der Enigma M4 ab Februar 1942. Daher konnten sie ihre bisherige Praxis, Geleitzüge umzuleiten und sie so vor den U-Booten zu schützen, nicht weiterverfolgen. Auch blieb ihnen die Existenz von Versorgungs-U-Booten lange verborgen. In ihrer Unkenntnis der Meeresbodenbeschaffenheit ihrer Vorküsten wussten die Amerikaner nicht, dass sich die Seegebiete vor Cape Hatteras und der Südküste Floridas bestens für U-Boot-Operationen eigneten – von dort konnte rasch tiefes und damit sicheres Wasser erreicht werden. Ferner ahnten sie nicht, dass die U-Boote vor den amerikanischen Küsten und in der Karibik nicht als Rudel, sondern einzeln gegen gegnerische Verbände und Schiffe vorgingen. Dass die Deutschen den geheimen *Naval Cypher Key Number 3*

Der U-Boot-Krieg im Atlantik, August 1942–Mai 1943

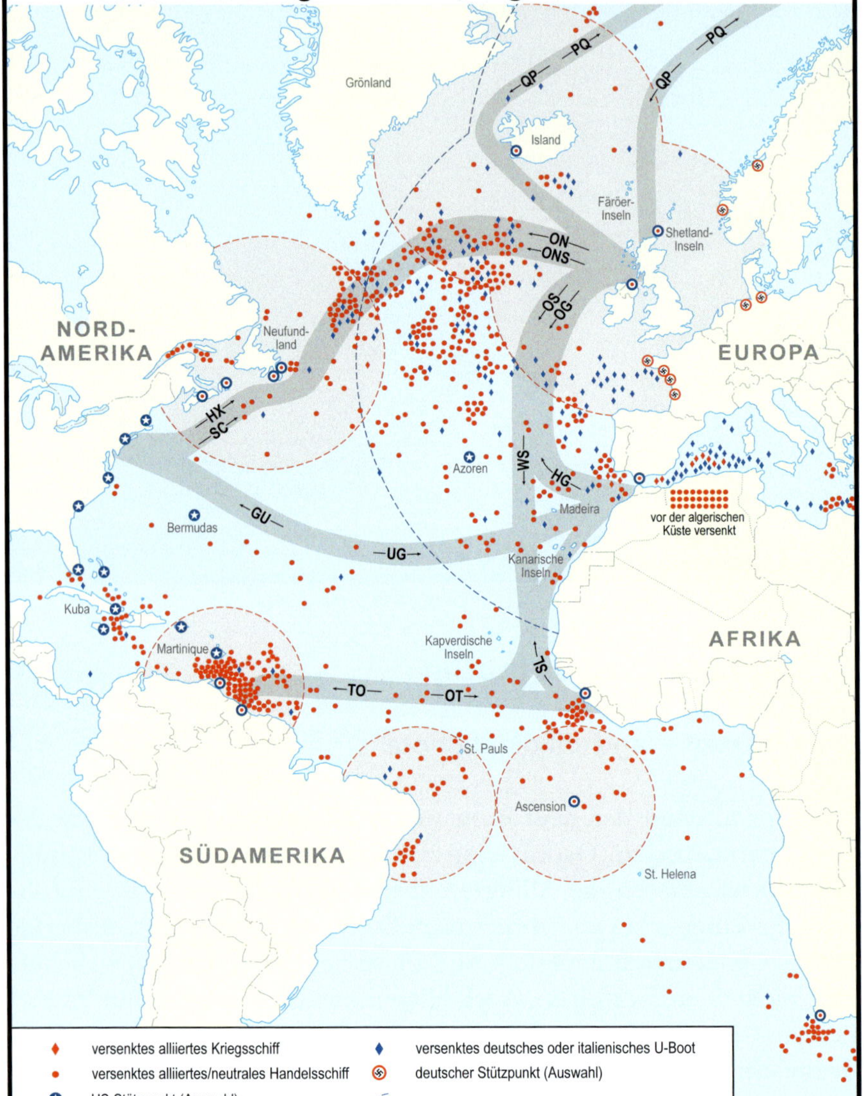

Quelle: Rahn: Der Seekrieg im Atlantik und Nordmeer. In: Das Deutsche Reich und der Zweite Weltkrieg, Bd. 6, S. 349.

gemacht hatten und so einen relativ guten Überblick über alliierte Konvoioperationen hatten, blieb Briten und Amerikanern gleichermaßen lange verborgen. Deren größte Sorge war vielmehr, dass die in Brest liegenden Großkampfschiffe jederzeit in den Atlantik ausbrechen und die Geleitzüge bedrohen könnten. Um das zu verhindern, blieben starke Kräfte auf strategischen Positionen im nördlichen und mittleren Atlantik. Die im Hafen von Brest liegenden Schiffe banden gegnerische Seestreitkräfte und konnten auf diese Weise die im Atlantik operierenden U-Boote wesentlich entlasten. Mit der Verlegung der deutschen Großkampfschiffe in die Nordsee im Februar 1942 konzentrierten sich dann die gegnerischen Einheiten auf die deutschen U-Boote.

Erst ab März 1942 begannen die Amerikaner, ihre Geleitzüge bereits in den amerikanischen Gewässern mit Zerstörer-Verbänden stärker zu sichern, was aber nicht zu den gewünschten Erfolgen führte. Versuche, feindliche U-Boote aus der Luft aufzuklären und anzugreifen, waren zunächst auch nicht sehr erfolgreich.

Ein wichtiger Baustein auf dem Weg zum Erfolg bei der Bekämpfung deutscher U-Boote war das Zerstörer-Neubauprogramm der US-Navy: Es umfasste eine große Zahl mit besonders für die U-Boot-Jagd geeigneter Schiffe. Die Royal Navy sollte 21 baugleiche Zerstörer erhalten, um die Interoperabilität beider Staaten bei der U-Boot-Bekämpfung zu verbessern. Dieses Neubauprogramm geriet aber immer wieder ins Stocken, da Roosevelt 1942 zunächst dem Bau von Handels- und Landungsschiffen eine höhere Priorität eingeräumt hatte – diese Entscheidung korrigierte er 1943. Mit dem Bau der »Liberty«-Frachtschiffe gelang es den Amerikanern dann ab Ende 1943, mehr eigene Handelsschiffe zu bauen, als die U-Boote versenken konnten. Sie setzten damit auf hohe baugleiche Stückzahlen und verzettelten sich nicht in Typenvielfalt. Gleichzeitig optimierten sie die Geleitzug-Organisation und richteten zusätzlich ab September 1943 eine neue Mittelatlantik-Konvoiroute ein.

Die Royal Navy hatte die Bedrohung durch U-Boote zu Beginn des Krieges zwar erkannt, hoffte aber, dass, wie im Ersten Weltkrieg, die Organisation von Geleitzügen, die Bewaffnung von Handelsschiffen und der Einsatz geheimer Sonargeräte (ASDIC) ausreichen würden, die Gefahr zu bannen. Rasch zeigte sich jedoch, dass die getroffenen Maßnahmen nicht wirksam genug waren. Vor allem die Geleitzerstörer der »Hunt«-Klasse waren aufgrund von Stabilitätsproblemen und begrenz-

»Liberty«-Schiffe, hier kurz vor Fertigstellung in den Docks der California Shipbuilding Corporation in Los Angeles, waren einfach konstruierte, bewaffnete Stückgutfrachter, Dezember 1943.

tem Durchhaltevermögen nicht für einen Einsatz im Nordatlantik geeignet. Die US-Neubauten sollten diesen Mangel beheben.

Geleitzüge im Nord- und Westatlantik waren jedoch nur dann einigermaßen sicher, wenn es gelang, Dönitz' »Wolfsrudeltaktik« ins Leere laufen zu lassen. Um Konvois erfolgreich angreifen zu können, ließ Dönitz seine U-Boote vor den möglichen Routen zwischen der amerikanischen und der europäischen Küste patrouillieren. Fand ein U-Boot einen Geleitzug, sollte es dessen Position an die BdU-Kommandostelle funken. Während dieses weiterhin Fühlung mit dem Geleitzug hielt, führte die Kommandostelle weitere U-Boote heran, sodass die Boote des »Rudels« wie »Wölfe« bei der gemeinsamen Jagd ihr »Opfer«, in diesem Fall den Geleitzug, angreifen konnten. Im Vergleich zur Jagd einzelner U-Boote auf Geleitzüge vervielfachte diese Taktik den möglichen Erfolg im Handelskrieg unter Wasser.

U-Boot auf Feindfahrt, Dezember 1942

Mitarbeiterinnen der zentralen militärischen Dienststelle Bletchley Park

So wie die Entzifferung des geheimen *Naval Cypher Key Number 3* die Angriffe der U-Boote auf Konvois erleichterte, waren die Funkverbindungen zwischen den U-Booten und Dönitz' Kommandostelle auch die Schwachstelle, an der die Royal Navy ansetzte, um die Konvois zu schützen und die U-Boote zu bekämpfen. Gelang es, den Funkverkehr des Fühlung haltenden U-Bootes an den BdU-Stab mitzulesen, dann konnten die Geleitzerstörer versuchen, das U-Boot aufzuspüren und unter Wasser zu drücken. So sollte das U-Boot die Fühlung verlieren und dem BdU-Stab die Möglichkeit genommen werden, weitere U-Boote an den Geleitzug heranzuführen.

Die Herausforderung bestand nun darin, diese Idee technisch umzusetzen. Die deutschen Funksprüche entschlüsselte ein Team unter Anleitung des Mathematikers Alan Turing in der 70 Kilometer nordwestlich von London liegenden Chiffrier-Zentrale Bletchley Park, Codename »Ultra«. Sie verrieten die Position des U-Bootes. Immer genauere Funkpeilungen ermöglichten die Ermittlung der Positionen von U-Booten, die dann von den Geleitzerstörern abgesucht werden konnten. Von großer Bedeutung war auch die Ausrüstung der Geleitzerstörer mit dem

Kurzwellenpeiler »Huff/Duff«, einem *High Frequency Direction Finder*, seit dem Sommer 1942. Britischen Wissenschaftlern gelang es, hochkomplexe, landgestützte Systeme so zu verkleinern, dass sie mit gleicher Zuverlässigkeit an Bord der Zerstörer in den *Support Groups* eingebaut werden konnten – außerdem entwickelten sie diesen Peiler für die Verwendung an Bord von Luftfahrzeugen weiter. Diese technische Meisterleistung blieb den Deutschen verborgen, die glaubten, derartige Peilsender seien zu komplex und zu groß, um sie in Schiffe oder gar Flugzeuge einzubauen.

Erfolge und Misserfolge auf beiden Seiten

Mitte 1942 verlagerte Dönitz den Schwerpunkt des U-Boot-Krieges von den nordamerikanischen Küsten auf die westatlantischen und dann wieder auf die nordatlantischen Konvoirouten. Doch die Versenkungserfolge blieben zunächst hinter den Erwartungen zurück, obwohl die Zahl der U-Boote in den Operationsgebieten stetig stieg. Mit viel Aufwand versuchten die Alliierten, die für Großbritannien lebenswichtigen Konvois um die U-Boote herumzuleiten, was ihnen nur bedingt gelang.

Zu den bekanntesten alliierten Niederlagen in den Geleitzugschlachten gehört die Vernichtung fast des gesamten Konvois PQ17 im Nordmeer im Juli 1942. Dieser Konvoi war auf dem Weg von Reykjavik nach Murmansk, um die Sowjetunion mit Kriegsgerät zu versorgen. 24 Schiffe gingen verloren und mit ihnen weit über 3000 Fahrzeuge, über 400 Panzer und 200 Flugzeuge sowie 100 000 Tonnen Ersatzteile und Munition. Die U-Boot-Gruppe »Eisland« versenkte 16 Schiffe, die übrigen acht fielen deutschen Luftangriffen zum Opfer. Die in Norwegen liegenden Großkampfschiffe – allen voran die »Tirpitz« (Unternehmen »Rösselsprung«) kamen dabei aber nicht zum Einsatz.

Im November 1942 verloren die Alliierten durch deutsche, italienische und japanische U-Boote weltweit 126 Schiffe mit über 800 000 BRT – davon versenkten deutsche U-Boote 29 Frachter im Nordatlantik. Die britische Admiralität konstatierte, dass die U-Boot-Bedrohung nie ernster gewesen sei als zu diesem Zeitpunkt. Allerdings stieg gleichzeitig auch die Zahl der U-Boot-Verluste, wie Dönitz bereits im Dezember

Konvoi PQ17 von einem deutschen Führungshalterflugzeug aus fotografiert, Juli 1942

1942 in einer Vorlage an Hitler deutlich machte. Als im Dezember die Entschlüsselung der Enigma M4 gelang, hegten die Alliierten wieder Hoffnung. Dennoch operierten Ende 1942 über 200 deutsche U-Boote im Atlantik. Im britischen *Submarine Tracking Room* versuchten die Mitarbeiter immer wieder, Geleitzüge um die U-Boot-Positionen zu lenken – mittlerweile waren es aber zu viele. Aus diesem Grunde entschlossen sich die Alliierten zu einem anderen Vorgehen: Sie konzentrierten Geleitzerstörer und Geleitträger sowie Fernaufklärer Boeing B 24 »Liberator« bei den bedrohten Konvois. Sofern keine Geleitträger zur Verfügung standen, setzten die Alliierten CAM-Schiffe (*Catapult Aircraft Merchantman*), die mit einem Katapult ihre Flugzeuge in die Luft bringen konnten, und MAC-Schiffe (*Merchant Aircraft Carrier*) ein, die über ein Flugdeck auf den Ladeflächen verfügten.

Die eingesetzten Flugzeuge dienten dem Konvoischutz, vor allem aber der Aufklärung feindlicher U-Boote in Küstennähe, in der lange offenen Lücke im Atlantik – dem Mid-Atlantic gap. Das waren jene Gewässer vor Grönland, die aufgrund mangelnder Reichweiten von Flugzeugen zunächst nicht überwacht werden konnten. Hier konnten U-

Boote daher vor allem nachts auftauchen, ungestört ihre Akkumulatoren aufladen und feindliche Konvois angreifen. Im Juli 1943 konnte diese Lücke endgültig geschlossen werden. Spätestens zu diesem Zeitpunkt war nach all den anderen Erfolgen bei der U-Boot-Jagd der U-Boot-Krieg für die Kriegsmarine verloren. Bereits 1942 begannen die Amerikaner mit dem Bau kleinerer, speziell für die U-Boot-Jagd konzipierter Flugzeugträger (*Bogue*-Klasse). Die alliierten Flugzeuge wurden seit Mitte 1942 mit starken Scheinwerfern (*Leigh Lights*) ausgerüstet. In Kombination mit ihrem Radargerät konnten sie aufgetauchte U-Boote auch nachts aufspüren und bekämpfen. Zudem verfügten sie über Sonardetektoren, um abgetauchte U-Boote zu entdecken. Die Alliierten setzten ungeheure Initiativ- und Innovationskraft in die stetige Weiterentwicklung ihrer Systeme. Die Sonarboje beispielsweise kompensierte die Ungenauigkeiten der Sonardetektoren. Die Einführung des H2S-Radars ab Januar 1943 bei den Bomber-Verbänden der Royal Air Force glich die bisherigen Ungenauigkeiten der alten Systeme aus.

Anfang Januar 1943 konnte die deutsche U-Boot-Gruppe »Delphin« den aus Trinidad kommenden Konvoi TM 1 angreifen und sieben Tanker

Mit Geleitzerstörern, -trägern und Fernaufklärern (hier eine Boeing B 24 »Liberator«) schützten die Alliierten ab Ende 1942 ihre Konvois.

versenken. Der Konvoi war zur Beseitigung einer drohenden Ölknappheit in Großbritannien in Marsch gesetzt worden. Deutschland schlachtete diesen Sieg propagandistisch aus. Das war dringend geboten, da die Alliierten mittlerweile in Nordafrika gelandet waren. Wenige Tage später trafen sich Roosevelt und Churchill in Casablanca. Stalin hatte abgesagt, da er seine Anwesenheit in Moskau als wichtiger ansah – die 6. Armee der Wehrmacht ging gerade in Stalingrad unter. Roosevelt und Churchill befürchteten, dass U-Boote ihre Invasionspläne in Westeuropa gefährden würden. Deren Bekämpfung hatte jetzt höchste Priorität. Aus Jägern sollten nun Gejagte werden, nachdem die U-Boot-Waffe noch Anfang 1943 die einzige und letzte Offensivwaffe der deutschen Wehrmacht gewesen war.

Die Deutschen – Erfolge und Illusionen

Das erste Halbjahr 1943 wurde zum Wendepunkt in der deutschen Kriegführung. Innerhalb der Kriegsmarine wechselte bereits Ende Januar 1943 die Führungsspitze. Raeder trat zurück, nachdem die Spannungen zwischen ihm und Hitler durch den riskanten und zudem erfolglosen Einsatz einer Kampfschiffgruppe am 31. Dezember 1942 noch verstärkt worden waren. Unter Führung von Vizeadmiral Kummetz hatten die Schweren Kreuzer »Lützow« und »Admiral Hipper« gemeinsam mit sechs Zerstörern den britischen Geleitzug JW51B angegriffen, der auf dem Weg nach Murmansk war (Unternehmen »Regenbogen«). Die starken britischen Sicherungskräfte hatten die deutsche Kampf-

Alliierter Konvoi im Atlantik, undatiert, nachträglich koloriert

gruppe jedoch in kleinere Einzelgefechte verwickelt. Die »Admiral Hipper« wurde getroffen und konnte fortan nur noch mit einer maximalen Geschwindigkeit von 28 Knoten fahren. »HMS Sheffield« versenkte Z 16 »Friedrich Eckoldt«; die gesamte Besatzung kam ums Leben. Als Kummetz den Funkspruch erhielt, er solle mit seinen Einheiten kein weiteres Risiko eingehen, brach er das Unternehmen ab.

Raeder hatte Hitler nicht von dem Gefecht berichtet. Er erfuhr davon über den vom deutschen Nachrichtendienst mitgehörten britischen Rundfunk. Hitler war außer sich und bestellte Raeder am 6. Januar ein. Völlig unnötig, so seine Auffassung, hatte die Kriegsmarine die wenigen wertvollen Einheiten, die Norwegen sichern sollten, aufs Spiel gesetzt. Er befahl, die Großkampfschiffe stillzulegen, um Rüstungskapazitäten für die anderen Wehrmachtteile freizumachen. Raeder reichte seinen Rücktritt ein und trat am 30. Januar 1943 als Admiralinspekteur der Kriegsmarine in den Ruhestand.

Neuer Oberbefehlshaber der Kriegsmarine und Chef der Seekriegsleitung wurde Karl Dönitz. Trotz der neuen Aufgaben blieb Dönitz weiterhin Befehlshaber der U-Boote. Hitlers Weisungen setzte er allerdings nur teilweise um: Im Februar 1943 ließ Dönitz die Instandsetzungsarbeiten an der »Gneisenau« und den Weiterbau des Flugzeugträgers »Graf Zeppelin« ruhen. Zugleich legte er einen Plan zur weiteren Verwendung der noch vorhandenen Großkampfschiffe vor. »Scharnhorst«, »Tirpitz«, »Prinz Eugen«, »Admiral Scheer« und »Lützow« verblieben danach zunächst in ihrem gegenwärtigen Zustand im Dienst. In Zukunft sollte sich die Kriegsmarine mit allen vorhandenen Kapazitäten auf den Ausbau der U-Boot-Waffe konzentrieren.

Nur mithilfe von U-Booten, so Dönitz' Überzeugung, konnte das Deutsche Reich den Krieg gewinnen. Und die Erfolge in diesen Monaten schienen ihm Recht zu geben. Dank der Erkenntnisse des Marinenachrichtendienstes (B-Dienst) gelang es den patrouillierenden U-Booten viele Konvois zu finden. Im Februar versenkten die U-Boote 28, in den ersten drei Märzwochen sogar 70 Schiffe. 20 Prozent der geleiteten Schiffe gingen verloren. Verantwortlich für diese Krise, die die Admiralität in London zeitweilig am Sinn des Konvoisystems zweifeln ließ, war nicht zuletzt die Tatsache, dass die Alliierten durch die Einführung des neuen Kurzsignalbuchs »Triton« deren Funkverkehr nicht mitlesen konnten. Allerdings entschlüsselten die Kryptoanalytiker den Funkverkehr innerhalb von nur zehn Tagen und brachen erneut in den U-Boot-Schlüsselkreis ein: Die U-Boot-Verluste stiegen nun sprunghaft an: Nach ›nur‹ einem Verlust im Januar, 14 im Februar, 12 im März und 13 im April verdreifachte sich die Zahl im Mai mit 38 verlorenen U-Booten fast. Das war ein Drittel der U-Boote im Atlantik. Das Generalreferat des Marinenachrichtendienstes erkannte im Frühjahr 1943, dass die Alliierten ausgesprochen gut über die exakten Positionen deutscher U-Boote informiert waren. Dönitz ließ daraufhin eine verbesserte Variante der Enigma M4 einführen. Dies zeitigte aber wenig Erfolg, da die Weiterentwicklung der alliierten Entschlüsselungs-»Bomben« die technische Neuerung der Deutschen wettmachte. Zudem bildete die US-Atlantik-Flotte zur Sicherung ihrer Geleitzüge im westlichen Atlantik die *Hunter-Killer-Groups*. Diese Zerstörer sollten deutsche U-Boote jagen und vernichten. Alliierte Langstreckenbomber bedrohten fortan auch die Zugänge der Biskaya.

Aufgrund der großen Verluste beendete Dönitz am 24. Mai 1943 die atlantischen Geleitzugangriffe. Die U-Boote wurden zurückberufen oder machten fortan Jagd auf Ziele in abgelegenen Seegebieten. Mit dem Rückzug aus dem Nordatlantik hatte Dönitz allerdings gegnerische Kräfte freigesetzt, die nun andere Ziele ansteuern konnten und eine noch größere Bedrohung der deutschen Stützpunkte in Frankreich darstellten.

Am 31. Mai 1943 erläuterte Dönitz Hitler auf dem Berghof in Obersalzberg die Gründe des Rückzugs der U-Boote aus dem Atlantik: Die Luftüberlegenheit des Gegners verursache zu hohe eigene Verluste, die

Galt als besonders sicher: die Enigma M4 mit vier Walzen und einem Steckerbrett. 9000 Entschlüsselungsspezialisten arbeiteten daran, den Code zu knacken.

zum gegenwärtigen Zeitpunkt nicht kompensiert werden könnten. Zudem sei der Gegner mit Ortungsgeräten ausgerüstet, die eine dauernde Bedrohung für die U-Boote darstellten. Er forderte nicht nur technische Leistungssteigerungen, verbesserte Waffensysteme (den Horchtorpedo »Falke«, den schnelllaufenden Ziel-Such-Torpedo »Zaunkönig«), Typen-Neuentwicklungen und neue Täuschungsmaßnahmen, sondern beklagte auch erneut das Fehlen einer Marine-Luftwaffe. Dafür, so Dönitz, bedürfe es besonders geschulten Personals: »Es ist dann aber erforderlich, rechtzeitig und langfristig die Besatzungen der Seemaschinen auszubilden, damit man dann nicht mit Zuckerbäckern über See fliegen müsse, die von dem Seekrieg nichts verstehen.« Damit wies Dönitz deutlich auf den grundsätzlichen Unterschied zwischen dem operativen Einsatz von Flugzeugen über Land und über See hin. Er wolle die U-Boote in Seegebieten einsetzen, die weniger luftüberwacht seien, und auf diese Weise gegnerische Kräfte binden. Dennoch werde er auch versuchen, zügig gegen einen großen Geleitzug vor Gibraltar vorzugehen.

Hitler stimmte den Forderungen zu und befahl, die Zahl der geplanten U-Boot-Neubauten von monatlich 30 auf 40 zu erhöhen. Mit Dönitz' Wunsch nach eigenen Marine-Luftfahrzeugen war er zwar ebenfalls grundsätzlich einverstanden, verlangte aber eine klare Aufgabenzuweisung hinsichtlich des Einsatzgebietes: Nur über dem Atlantik solle eine Marine-Luftwaffe eingesetzt werden. Hitler wollte nicht erneut in Diskussionen mit dem Oberbefehlshaber der Luftwaffe eintreten wie beim Einsatz und der Stationierungsfrage des X. Fliegerkorps im Mittelmeer.

Spätestens im Rückzug der U-Boote aus dem Nordatlantik sahen Dönitz und Hitler das »atlantische Stalingrad« für die Kriegsmarine, das sich mit der Rückverlegung der Großkampfschiffe Anfang 1942 angedeutet hatte.

U-Boot-Krieg und Schiffbrüchige

Bereits 1939 hatte Dönitz gesagt: »Keine Leute retten und mitnehmen. Keine Sorge um Boot[e] des Dampfers. Wetterverhältnisse und Landnähe sind gleichgültig. Nur Sorge um das eigene Boot und das Streben,

Überlebende der »Laconia« auf einem Floß zwischen U 156 (vorn) und U 507 (hinten), 15. September 1942

sobald wie möglich den nächsten Erfolg zu erzielen! Wir müssen hart in diesem Kriege sein. Der Gegner hat den Krieg angefangen, um uns zu vernichten, es geht also um nichts anderes.« Am 27. Mai 1940 versenkte U 37 unter dem Kommando von Kapitänleutnant Victor Oehrn den britischen bewaffneten Dampfer »Sheaf Mead« mit einem Torpedo. Oehrn fuhr zwar noch an die Überlebenden heran, um sie zu befragen, lief dann aber ab und überließ die Schiffbrüchigen in den Rettungsbooten ihrem Schicksal. Ein griechisches Handelsschiff rettete später fünf Besatzungsangehörige. Die meisten U-Boot-Kommandanten verhielten sich aber anders. Häufig wurden Rettungsboote in Schlepp genommen oder Schiffbrüchige und Gefangene an Bord aufgenommen und dann an größere Einheiten übergeben. Generell bleibt aber festzuhalten, dass sich aufgrund der räumlichen Enge an Bord der U-Boote die Mitnahme Gefangener ausgesprochen schwierig gestaltete.

Aufgrund der ab 1942 zunehmenden alliierten Luftüberwachung war die Rettung von Schiffbrüchigen für die U-Boot-Besatzungen mit einem immer höheren Risiko verbunden. Am 12. September 1942 versenkte U 156 unter Korvettenkapitän Werner Hartenstein den Truppentransporter »Laconia« und wurde während der anschließenden Ret-

Die Versenkung der »Laconia«

Am 12. September 1942 entdeckte U 156 (Typ IX C) nordöstlich der Insel Ascension das als Truppentransporter verwendete britische Passagierschiff »Laconia«. Um 22:07 Uhr versenkte Korvettenkapitän Hartenstein das Schiff mit zwei Torpedos. Was ihm nicht bekannt war: An Bord befanden sich neben der Besatzung 268 britische Soldaten, 1809 italienische Kriegsgefangene und deren 103 polnische Bewacher sowie 300 zivile Passagiere – insgesamt etwa 2800 Menschen, darunter auch Frauen und Kinder. Nach den Torpedotreffern waren bereits viele von ihnen von Bord gesprungen oder versuchten, in Rettungsboote zu gelangen. Hartenstein näherte sich dem sinkenden Schiff, um Schiffsoffiziere gefangen zu nehmen. Als er erfuhr, dass sich italienische Kriegsgefangene an Bord befanden, begann er sofort, Schiffbrüchige zu retten. Außerdem informierte er den BdU.

Die Besatzung von U 156 nahm innerhalb kurzer Zeit 90 Italiener an Bord. Hartenstein, der annehmen musste, dass der Notruf der »Laconia« von den Alliierten gehört worden war, ging dennoch das Risiko ein, die Rettungsaktion fortzusetzen. Dönitz beorderte zwei weitere U-Boote in das Versenkungsgebiet. Mittlerweile hatte U 156 fast 200 Schiffbrüchige auf und unter Deck aufgenommen. Vier Rettungsboote befanden sich im Schlepp. Hartenstein verschickte daher einen unverschlüsselten Funkspruch mit der Bitte um Hilfe. Am 15. September trafen U 506, U 507 und das italienische U-Boot »R. Smg. Commandante Cappellini« an der Versenkungsstelle ein. Alle vier U-Boote kennzeichneten sich behelfsmäßig mit Rote-Kreuz-Fahnen. Von der westafrikanischen Küste waren bereits Kriegsschiffe der französischen »Vichy«-Flotte ausgelaufen.

Ein amerikanischer Seefernaufklärer entdeckte die vier U-Boote am Morgen des 16. September und griff um 12:32 Uhr mit Bomben an. U 156 wurde beschädigt und ein im Schlepp hängendes Rettungsboot getroffen. Hartenstein befahl den Schiffbrüchigen an Oberdeck, ins Wasser zu springen, konnte abtauchen und versuchte im Schutz der Tiefe, die Schäden zu reparieren. Auch U 506 wurde angegriffen, konnte aber rechtzeitig mit 142 Schiffbrüchigen an Bord alarmtauchen.

Etwa 1500 Passagiere der »Laconia« starben bei der Versenkung und dem späteren Bombenangriff. Keines der beteiligten U-Boote ging bei dem Rettungsunternehmen verloren.

tungsaktion von einem US-Flugzeug beschossen und beschädigt. Dönitz erließ daraufhin am 17. September 1942 den »Laconia-Befehl«: Jeglicher Rettungsversuch von Angehörigen versenkter Schiffe, das Aufrichten gekenterter Rettungsboote sowie die Abgabe von Nahrungsmitteln und Wasser sollten unterbleiben. Rettung widersprach demnach den »primitivsten« Forderungen der Kriegführung nach der Vernichtung feindlicher Schiffe und Besatzungen. Befehle, man solle Kapitäne und Chefingenieure mitnehmen, blieben zwar bestehen. Schiffbrüchige sollten aber nur gerettet werden, falls deren Aussagen für das U-Boot wichtig waren.

Die Kommandanten der U-Boote kamen damit in eine moralisch und psychologisch schwierige Lage. Auch wenn sich viele dem seemännischen Ehrenkodex verpflichtet sahen, war der Befehl für sie bindend. Die alliierte Staatsanwaltschaft klagte Dönitz im Nürnberger Prozess gegen die Hauptkriegsverbrecher auch wegen des »Laconia-Befehls« an. Seit diesem Befehl radikalisierte sich der U-Boot-Krieg. Auch wenn einzelne U-Boot-Kommandanten weiterhin Überlebende versenkter

Besatzungsmitglieder eines britischen Tankers auf einem Notfloß, 19. Mai 1942

Der U-Boot-Krieg im Atlantik, September 1943–Mai 1944

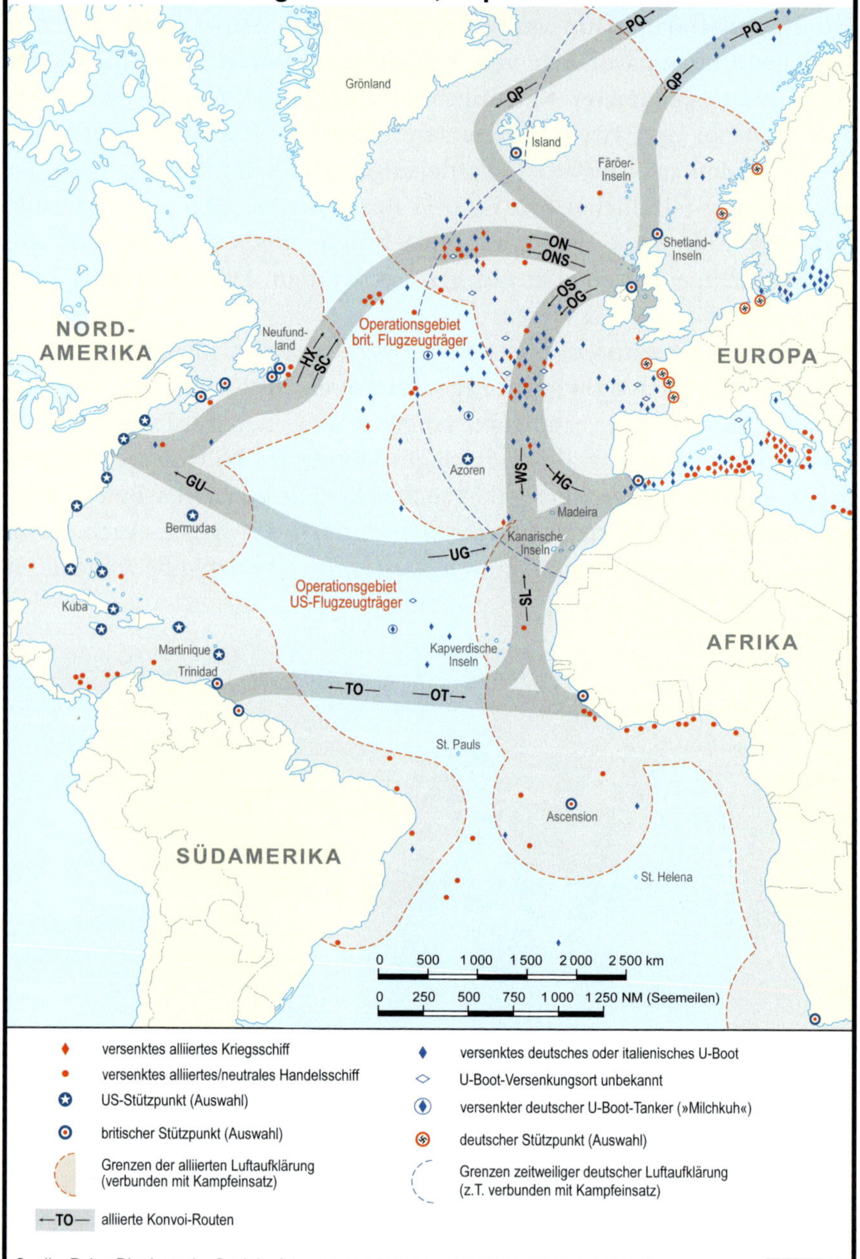

Quelle: Rahn: Die deutsche Seekriegführung 1943 bis 1945. In: Das Deutsche Reich und der Zweite Weltkrieg. Bd. 10/1, S. 150.

Schiffe retteten oder unterstützten, gab es andere, die trotz Hunderter im Wasser schwimmender Seeleute einfach abliefen. Der Kommandant von U 852, Kapitänleutnant Heinz-Wilhelm Eck, ließ im März 1944 vor der westafrikanischen Küste aufgrund des »Laconia-Befehls« sogar auf Rettungsflöße bzw. im Wasser schwimmende Besatzungsangehörige des griechischen Dampfers »Peleus« schießen.

Herbst 1943 – Neuer Anlauf im Atlantik

Im September 1943 brachte die Operation, die Dönitz Hitler angekündigt hatte, der U-Boot-Gruppe »Leuthen« im westlichen Atlantik einen kurzen, aber weit überschätzten Erfolg. Die Gruppe bestand aus 21 kampfwertgesteigerten Booten des Typs VII, die eine Suchkette nördlich der Azoren bildeten, um einen nach Osten laufenden Geleitzug abzufangen. U 460, einer von nur zwei noch vorhandenen U-Boot-Tankern, versorgte die Gruppe abseits des Einsatzgebietes. Die zusätzlich mit einer Flugabwehrkanone ausgerüsteten 21 U-Boote sollten aufgetaucht fahren und anfliegende gegnerische Flugzeuge bekämpfen. Zusätzlich waren die Boote mit einem Warnmelder ausgestattet, der ihnen anzeigte, wenn gegnerische Flugzeuge im Anflug waren. Diese technische Neuerung funktionierte aber nur bedingt. Die Gruppe wurde angegriffen und erlitt Verluste, konnte jedoch den Geleitzug nicht ausmachen. Auch der Luftwaffe gelang es nicht, den Konvoi zu finden. Dönitz entschloss sich, die Gruppe weiter im Norden einzusetzen, und mahnte seine U-Boot-Männer mit den Worten: »Der Führer verfolgt jede Phase eures Kampfes. Angriff! Ran! Versenken!«

In den Western Approaches gelang es der Gruppe »Leuthen«, zwei westwärts fahrende Konvois mit über 60 Handelsschiffen aufzuspüren. Dönitz ließ weitere U-Boote heranführen. Die Deutschen versenkten drei von 22 Geleitschiffen und sechs von 66 Handelsschiffen. Für den Aufwand des Unternehmens eigentlich ein mageres Ergebnis, aber Dönitz erklärte es mit geschönten Zahlen zu einem großen Erfolg und bezeichnete seine U-Boot-Kommandanten als »Pioniere des neu eröffneten Geleitzugkampfes«. Drei deutsche U-Boote waren verlorengegangen, für die Seekriegsleitung ein vertretbares Ergebnis im Verhältnis zu den Verlusten des Gegners. Genau dieses Erfolgsbild zeichnete Dönitz von der Wiederaufnahme des Tonnagekrieges im Atlantik auch gegenüber Hitler in einer Lagebesprechung am 25. September 1943. »Der Führer«, so heißt es im Protokoll der Besprechung zu Dönitz' großer Zufriedenheit, »hat in diesem Zusammenhang in bisher nicht vorliegender Eindeutigkeit auf [die] Bedeutung [des] Tonnagekrieges durch U-Boote hingewiesen, der einzige Entlastung derzeitiger schwieriger Gesamtkriegslage darstelle. U-Bootskriegführung müsse daher mit allen Mitteln verstärkt und materiell hochgezogen werden.« Die neu aufgestellte U-Boot-Gruppe »Roßbach« sollte weitere Erfolge im Nordatlantik erringen, geriet aber immer wieder unter Beschuss durch britische Luftstreitkräfte. Letzthin ging auch der U-Boot-Tanker U 460 verloren.

Keine von den Deutschen ergriffene Maßnahme war vom erwarteten Erfolg gekrönt – die Alliierten schienen ihnen immer einen Schritt voraus zu sein. Technische Innovationen und Gefangenenvernehmungen, vor allem aber die Funkaufklärung durch die Dechiffrierer in Bletchley Park spielten den Alliierten in die Hände. Ab September 1943 konnten diese fast den gesamten Marine-Funkverkehr zeitgleich mitlesen. Der deutsche B-Dienst hingegen war seit dem 10. Juni 1943 angesichts der Einführung eines neuen gegnerischen Chiffrierschlüssels nahezu »blind«. Die Royal Navy hatte erkannt, dass ihr Code offensichtlich kompromittiert worden war und den bisher benutzten geändert. Gleichzeitig bezweifelte er trotz zahlreicher Hinweise einzelner U-Boot-Kommandanten, dass die Royal Navy in den deutschen Funkverkehr einbrechen könne. BdU-Stab und B-Dienst nahmen vielmehr an, dass die Alliierten mit ihren weitentwickelten Radargeräten die U-Boote aufspürten. Die an Bord der alliierten Flugzeuge verwendeten Radargeräte verfügten aber zunächst gar nicht über die von den Deutschen erwarteten Fähigkeiten. Erst die Einführung des alliierten H2S-Radars ab Januar 1943 bei den Bomberverbänden der Royal Air Force musste als tatsächliche Bedrohung gesehen werden. Das Radar nutzten die gegnerischen Flugzeuge in erster Linie zum Orten der U-Boote »vor Ort«, und es muss bezweifelt werden, dass die in Versuchen nachgewiesenen 36 Kilometer tatsächlich auf See erreicht wurden. Das von der Kriegsmarine verwendete Gerät, um diese Radarstrahlen einzupeilen, reichte für diese Frequenzbereiche nicht aus (FuMB 1 »Metox«). Der deutschen Luftwaffe gelang es ab Herbst 1943, die Zuverlässigkeit beim Einpeilen mit der Entwicklung des Radardetektors »Naxos« (FuG 350) zu erhöhen. Doch

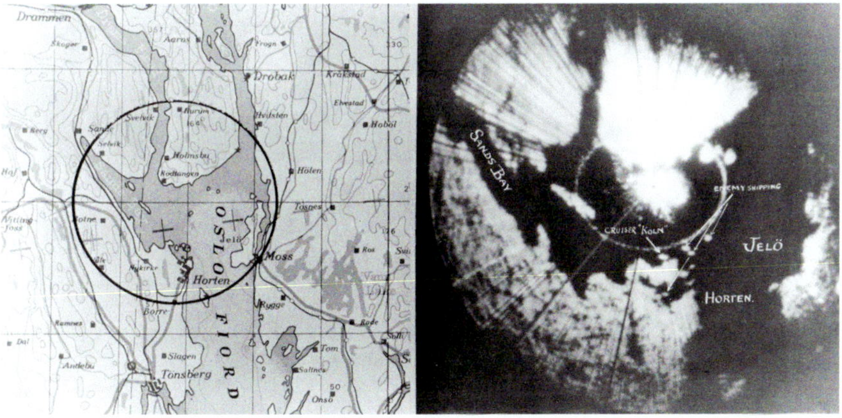

Deutsche Schiffe, gesehen durch das H2S-Radar

eine Verwendung dieser Version erwies sich für die Kriegsmarine als nicht zweckmäßig. Nach vielen Testphasen konnten erst ab Februar 1944 mit der Einführung von »Naxos Ia« Ortungserfolge auf eine Entfernung von zehn bis 20 Kilometern erzielt werden.

Die Operationen deutscher U-Boote in entfernten Gewässern endeten de facto im Frühjahr/Sommer 1944, auch wenn Dönitz bis zum Kriegsende immer wieder U-Boote in den Atlantik entsandte. Er verfolgte unbeirrt das Ziel, U-Boote in den Einsatz zu bringen, um gegnerische Kräfte zu binden und dadurch eine alliierte Landung in Westeuropa mit zu verhindern oder zumindest zu verzögern. Dabei setzte Dönitz auf technische Neuerungen und U-Boot-Neubauten. Der Stapellauf eines dieser U-Boot-Neubauten vom Typ XXI, U 3501, fand einen Tag vor dem 20. April 1944 statt. Es wurde das »Führergeburtstagsboot«.

Vom Tauch- zum Unterseeboot: Dönitz' »Wunderwaffen«

Mehr als zwölf unterschiedliche Werften bauten bis 1944 insgesamt 568 VII-C-Boote, das kleinere deutsche Standard-U-Boot. Angesichts der von den Alliierten entwickelten U-Boot-Abwehrmaßnahmen versuchten deutsche Ingenieure, neben schiffbaulichen Veränderungen auch die Technik zum Orten gegnerischer Einheiten zu verbessern. Sie richteten ihr Hauptaugenmerk auf Seeausdauer, Geschwindigkeit, Tauch-

Die U-Boot-Typen der deutschen Kriegsmarine 1935–1945

Typ I
Anzahl: 2; Baujahr(e): 1935-1936

Typ II »Einbaum«
Anzahl: 6 Typ II A, 20 Typ II B, 8 Typ II C, 16 Typ II D; Baujahr(e): 1935-1941

Typ VII
Anzahl: 10 Typ VII A, 25 Typ VII B, 658 Typ VII C/40, 6 Typ VII D/41, 4 Typ VII F ; Baujahr(e): 1935-194

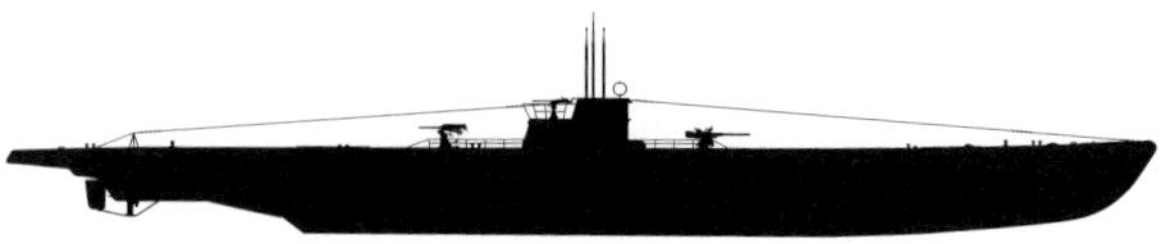

Typ IX
Anzahl: 8 Typ IX A, 14 Typ IX B, 140 Typ IX C, 2 Typ IX D1, 29 Typ IX D2; Baujahr(e): 1936-1944

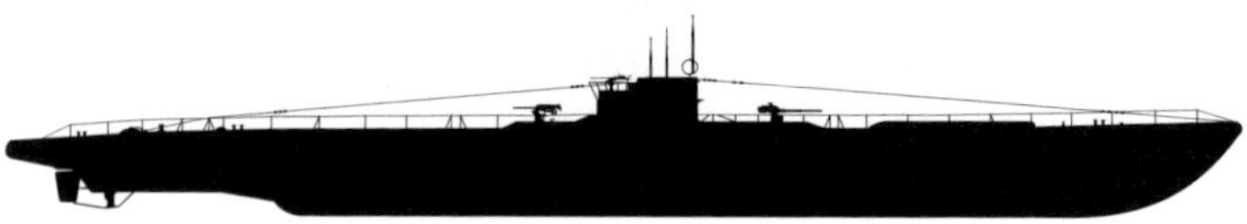

Typ X »Minenleger«
Anzahl: 8; Baujahr(e): 1939-1944

Typ XI »U-Kreuzer«
Anzahl: 0 (keines der 4 in Auftrag gegebenen Boote wurde fertiggestellt); Baujahr(e): 1939

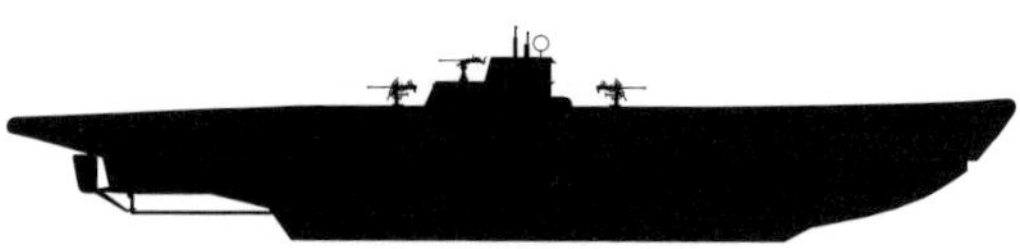

Typ XIV »Milchkuh«
Anzahl: 10; Baujahr(e): 1939-1943

Maßstab 1 : 1000

Typ XVII »Walter-Versuchsboot«
Anzahl: 4; Baujahr(e): 1942-1944

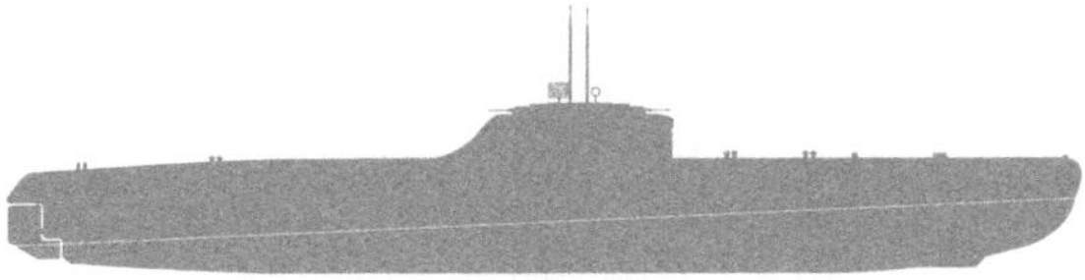

Typ XVIII
Anzahl: 0 (keines der 2 in Auftrag gegebenen Boote wurde fertiggestellt); Baujahr(e): 1943

Typ XXI »Elektroboot«
Anzahl: 123; Baujahr(e): 1943-1945

Typ XXII »Küsten-Boot«
Anzahl: 0 (Auftrag für 36 Boote wurde annuliert); Baujahr(e): 1943

Typ XXIII
Anzahl: 62; Baujahr(e): 1943-1945

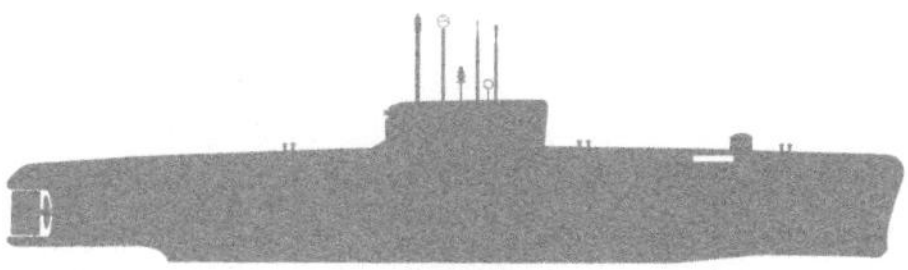

Typ XXVI
Anzahl: 0 (keines der 4 in Auftrag gegebenen Boote wurde fertiggestellt); Baujahr(e): 1943-1945

Typ XXVII A »Kleinst-U-Boot Hecht«
Anzahl: 53; Baujahr(e): 1944-1945

Typ XXVII B »Kleinst-U-Boot Seehund«
Anzahl: 154; Baujahr(e): 1944-1945

gab noch zahlreiche andere Projektstudien und unvollendete Bauvorhaben, auf deren Darstellung hier verzichtet wurde.

gebaut und eingesetzt — gebaut, nicht eingesetzt — nicht gebaut/fertiggestellt zeiten und Stabilität. Im August 1943 wurde das erste VII-C/41-U-Boot ausgeliefert, dessen zweite Hülle und Druckkörper verstärkt worden waren, um einen besseren Schutz gegen Angriffe zu bieten. Dank leichterer Materialien waren die bis 1945 gebauten 91 Boote wendiger und konnten sowohl schneller als auch tiefer tauchen. Außerdem befand sich an Oberdeck ein Schnorchel, der während einer Tauchfahrt das Boot mit Frischluft versorgte und somit längere Tauchzeiten ermöglichte. Während die VII-C-Boote über Wasser 17,6 Knoten laufen konnten, waren sie unter Wasser mit 7,6 Knoten verhältnismäßig langsam und konnten sich kaum einer gegnerischen Verfolgung entziehen. Die bis 1939 gebauten acht Typ IX-A-U-Boote hatten ein vergleichbares Problem. Mit 10 Knoten Marschgeschwindigkeit hatten sie eine Reichweite von über 10 000 Seemeilen und konnten über Wasser 18,2 Knoten schnell laufen, brachten es aber unter Wasser nur auf eine Geschwindigkeit von 7,7 Knoten. Die Reichweite im getauchten Zustand betrug bei 4 Knoten Fahrt nur 78 Seemeilen.

Die 1939/40 gebauten 14 IX-B-U-Boote waren nur geringfügig größer als ihre Vorgänger. Um eine höhere Reichweite zu erzielen, statteten die Konstrukteure die bis 1942 gebauten 54 IX-C-U-Boote mit größeren Treibstoffbunkern aus. Bei den bis 1944 gebauten 87 IX-C/40-U-Booten gelang es, die Reichweite erneut etwas zu erhöhen, bevor mit den 28 IX-D/2-Booten Einsatzreichweiten bis 31 500 Seemeilen erreicht werden konnten. Somit waren sie im Indischen Ozean, in Fernost, vor Japan oder vor Neuseeland einsetzbar.

Allen Typ-VII- und IX-U-Booten war gemeinsam, dass es sich eigentlich um Tauchboote handelte, die unter Wasser sehr langsam vorankamen. Mithilfe eines neuen Antriebs sollten die See- und Tauchausdauer sowie die Marschgeschwindigkeit unter Wasser gesteigert werden. Ingenieure führten Versuche mit U-Booten vom Typ XVII durch, die mit einem Walter-Antrieb ausgerüstet waren. Das von Hellmuth Walter entwickelte System wandelte mithilfe eines Katalysators Wasserstoffperoxid in Heißdampf um, der eine Turbine zur Stromerzeugung antrieb. Bei den Typ-VII- und Typ-IX-Booten wurden Akkumulatoren verwendet, die keine große Kapazität hatten. Bei ersten Versuchen mit einem Klein-U-Boot (VS 80) bereits im Jahr 1940 wurde mithilfe des Walter-Antriebs eine Geschwindigkeit von 28,1 Knoten erreicht. Nachdem Raeder das Entwicklungsprogramm zugunsten des

Unterseeboot U 124 (Typ IX B) in See passiert eine Überwassereinheit.

Baus der Großkampfschiffe gestoppt hatte, griff Dönitz es wieder auf. Er erwartete von der Weiterentwicklung des Antriebs eine Rückkehr zu den vergangenen U-Boot-Erfolgen. Durchsetzen konnte er sich allerdings nicht. Die Pläne wurden zugunsten der U-Boot-Typen XXI und XXIII aufgegeben. Diese hatten vergrößerte Akkumulatoren und stärkere Maschinen sowie einen fest installierten, ausfahrbaren Schnorchel.

Die 1943 bis 1945 gebauten 123 Typ XXI-U-Boote sowie die 61 kleineren Boote vom Typ XXIII müssen als Unterseeboote bezeichnet werden, deren Konstruktion eine generelle Wende im U-Boot-Bau nach dem Krieg einleitete. Diese Elektroboote hatten über Wasser oder bei Schnorchelfahrt eine Reichweite von über 15 000 Seemeilen und konnten unter Wasser aufgrund der großen Akkumulatoranlage bis zu 500 Seemeilen bei Schleichfahrt zurücklegen. Die Boote bestanden aus neun unabhängig voneinander gebauten Sektionen, deren Zusammensetzung eine Herausforderung für die Bootsbauer war. Als einziges Typ XXI-U-Boot lief U 2511 in den letzten Kriegstagen zu einer allerdings erfolglosen Feindfahrt aus. Alle anderen U-Boote befanden sich noch in der Erprobung, Ausbildung oder in den Werften. Diese »Wunderwaffen« konnten die Erwartungen letzthin nicht erfüllen und gelangten trotz großer Stückzahlen nicht zur Einsatzreife.

Es war symptomatisch für die letzten Kriegsjahre, dass die hohe Leistungsfähigkeit deutscher Ingenieure hervorgehoben und damit auch in der Kriegsmarine die Hoffnung auf eine baldige Wende geschürt wurde. Beim näheren Hinsehen entsteht allerdings der Eindruck, dass auf den deutschen Werften zwar mit Hochdruck gearbeitet wurde, das Beschaffungs- und Konstruktionswesen der Kriegsmarine jedoch jenseits des Kriegsalltags wie gewohnt ablief. Jene Dynamik, die auf See und in der Seekriegsleitung zu verspüren war und die Besatzungen der U-Boote an ihre Belastungsgrenzen führte, erfasste die Konstruktionsabteilung der Kriegsmarine nicht. Die 1979 veröffentlichten Lebenserinnerungen von Friedrich Ruge, der seit August 1944 als Vizeadmiral im Amt für Kriegsschiffbau tätig war, beschreiben deren beamtenhafte Betulichkeit, die der Routine verhaftet blieb. Das Konstruktions- und Beschaffungswesen schien nie ein Teil der Lösung, sondern stets ein Teil des Problems zu sein.

Die Einführung eines ausfahrbaren Schnorchels bei den XXIer- und XXIIIer-U-Booten sollte einen wichtigen Innovationsschub geben und zur Sicherheit der Boote vor Aufklärung einerseits wie zur See- und Tauchausdauer andererseits beitragen. Im Gegensatz dazu waren die VIIer- und IXer-U-Boote nachträglich mit Schnorcheln ausgerüstet worden, die an Oberdeck angebracht und vor Gebrauch aufgeklappt werden mussten. Im Innern des Druckkörpers schränkte der Einbau der Schnorchel die Bewegungsfreiheit zusätzlich ein; es wurde noch enger, worunter die U-Boot-Besatzungen gerade bei längeren Fahrten litten. Bedienungsfehler der Schnorchelanlage oder Ungenauigkeiten des Tiefenrudergängers gefährdeten die Besatzungen erheblich. Sobald Seewasser in den Schnorchel eindrang, schloss sich dieser, und die Luft für die Diesel wurde aus dem Inneren des Bootes abgesaugt, was zu Luftdruckschwankungen führte. Blieb der Schnorchel weiter geschlossen, schalteten sich die Diesel automatisch ab, sodass Abgase in das Bootsinnere eindrangen und Kohlenmonoxid freigesetzt wurde – zulasten der auf engstem Raum lebenden U-Boot-Besatzungen. Schnorchelnde U-Boote waren zwar für die Radaranlagen kaum erkennbar, aber der durch den Schnorchel verursachte Schaumstreifen war ebenso sichtbar wie die dunkle Abgasrauchsäule der Dieselmotoren. Operativ konnte ein schnorchelndes U-Boot nicht eingesetzt werden, da Vibrationen das Sehrohr unbenutzbar machten. Diese Vibrationen sorgten zudem da-

Schiffbrüchiges Besatzungsmitglied eines im Atlantik versenkten deutschen U-Boots. Der Marinesoldat wurde gerettet und als Kriegsgefangener behandelt.

für, dass das Boot ›taub‹ war, dafür aber von gegnerischen Horchgeräten weithin erkannt werden konnte. Bei den XXIer- und XXIIIer-U-Booten, die über einen ausfahrbaren Schnorchel verfügten, bestanden identische Probleme.

Dass die Alliierten über die technischen Neuerungen im deutschen U-Boot-Bau bestens unterrichtet waren, ist heute bekannt, doch die Zeitgenossen ahnten dies nicht. Als die US-Funkaufklärung Mitte 1944 in den japanischen Diplomatenschlüssel »Purple« einbrach, lasen die USA alle Botschaftsberichte aus Berlin nach Tokio mit, die sämtliche technischen Neuerungen, Entwicklungen und Absichten der Deutschen enthielten. Bombenangriffe auf deutsche Werften verzögerten Vorhaben oder zerstörten Neubauten. Dönitz blieb nur, seine »Wunderwaffen« für propagandistische Zwecke zu nutzen und die Hoffnung auf ein besseres Morgen zu schüren, die die Opferbereitschaft erhöhen sollte.

Das Ende der Großkampfschiffe im Atlantik

1943 verlor die Kriegsmarine nicht nur den U-Boot-Krieg im Atlantik. Im gleichen Jahr zeichnete sich auch das Ende der letzten Großkampfschiffe in diesen Gewässern ab: Nach zwei vergeblichen Anläufen hatte das Schlachtschiff »Scharnhorst« im Frühjahr 1943 nach Nordnorwegen verlegt. Dort bildete es zusammen mit dem Schlachtschiff »Tirpitz« und dem Schweren Kreuzer »Lützow« eine Kampfgruppe, die die nach Murmansk und Archangelsk laufenden alliierten Nachschubtransporte bedrohen sollte. Da im Sommer 1943 keine Geleitzüge den Norden der Sowjetunion ansteuerten – die meisten Hilfslieferungen liefen über Persien –, griffen »Tirpitz« und »Scharnhorst«, nicht zuletzt wegen der »Auswirkung auf die Besatzungen«, die keinerlei Einsatzerfahrung hatten, Stellungen auf Spitzbergen an. Zu Gefechten mit Einheiten der Royal Navy kam es dabei nicht. Als *fleet in being* war diese der Royal Navy dennoch ein Dorn im Auge. Die »Lützow« hatte zwischenzeitlich in die Heimat verlegt. Im September 1943 griffen britische Kleinst-U-Boote die »Tirpitz« an ihrem Liegeplatz an. Auch wenn die Schäden relativ gering waren, hatten die Erschütterungen schwerwiegende Folgen für die

Überlebende der »Scharnhorst« an Bord der »Duke of York«

Wrackteile der »Tirpitz« werden 1949 geborgen.

Maschinen- und die Feuerleitanlage der »Königin des Nordens«, wie das Schlachtschiff stolz genannt wurde. Dieses fiel daher monatelang aus. In dieser Zeit nahmen die Alliierten ihre Konvoifahrten in die Sowjetunion wieder auf. Die ersten verliefen ohne Zwischenfälle. Mitte Dezember glaubte die Seekriegsleitung jedoch, handeln zu müssen. Dabei spielte auch die sich verschlechternde Gesamtlage eine Rolle. Im Gegensatz zum Ersten Weltkrieg wollte die Kriegsmarine sich nicht dem Vorwurf aussetzen, erneut versagt zu haben. »Bei bedrohlicher Lage an Ostfront und im Hinblick auf Gesamtsituation ist es nicht zu verantworten, wertvolle Kampfkraft zurückzuhalten«, hieß es im Kriegstagebuch der Seekriegsleitung vom 2. Dezember 1943. Warnungen des Befehlshabers der Kampfgruppe, Konteradmiral Erich Bey, vor den angesichts fehlender Luftaufklärung hohen Risiken eines Einsatzes in der dunklen Polarnacht waren vergeblich. Das »Unternehmen Ostfront« am 25./26. Dezember wurde zum Desaster. Überlegungen, die Operation in letzter Minute abzusagen, wischte Dönitz persönlich am 25. Dezember beiseite: »Ich glaube an Euren Angriffsgeist. Heil und Sieg«, telegraphierte er an den Kampfgruppenkommandeur. Als die Kampfgruppe den Konvoi angreifen wollte, stieß sie auf überlegene britische Sicherungskräfte. Nach einem dreistündigen Gefecht mit dem britischen

Schlachtschiff »HMS Duke of York« sank die »Scharnhorst«. Dönitz' Appell folgend, drahtete Bey vor deren Untergang: »Die ›Scharnhorst‹ kämpft bis zur letzten Granate. Heil Hitler.« Von 1968 Besatzungsangehörigen konnten nur 36 aus dem eiskalten Wasser gerettet werden.

Im November 1944 ging mit der »Tirpitz« auch das letzte große Schlachtschiff verloren. Zunächst durch Kleinst-U-Boote, später mehrere Luftangriffe mehrfach beschädigt, kenterte die »Tirpitz« am 12. November 1944 nach einem weiteren schweren Luftangriff auf ihrem Liegeplatz in der Nähe von Tromsö. 1204 Besatzungsangehörige kamen dabei ums Leben, 880 überlebten, davon 84, die mühsam aus dem Schiffsrumpf herausgeschnitten worden waren.

Die übrigen großen Einheiten – die Schweren Kreuzer »Lützow«, »Admiral Scheer«, »Admiral Hipper« und »Prinz Eugen« – hatten den Atlantik ohnehin bereits 1943 verlassen. Sie unterstützten das Heer von See aus an der Ostfront oder bildeten bis zuletzt Besatzungen für einen U-Boot-Krieg aus, mit dem Dönitz auch im Frühjahr 1945 noch glaubte, eine Wende im Krieg herbeiführen zu können.

↗ **Landung der Alliierten in der Normandie: US-Soldaten beim Verlassen der Landungsschiffe, 7. Juni 1944**

6 Das Ende

Abschreckung und Einschüchterung

Den U-Boot-Konstrukteuren, den Werften und der Kriegsmarine gelang es nicht, die schnellen U-Boote vom Typ XXI rechtzeitig zur Einsatzreife zu bringen, um den Krieg im Atlantik fortzusetzen. Deutsche U-Boote waren niemals auch nur annähernd in der Lage, die Konvoirouten der Alliierten im Atlantik zu unterbrechen. 953 Konvois mit 43 526 Schiffen verkehrten im Zeitraum von Mitte 1942 bis 1945 zwischen den USA und Großbritannien. Von diesen versenkte die Kriegsmarine 272 Konvoischiffe. Dies entspricht einer Rate von weniger als einem Prozent; 99,5 Prozent aller alliierten Handelsschiffe, die in den Jahren 1942 bis 1945 im Konvoi fuhren, erreichten unbeschadet ihr Ziel.

Die Bilanz des U-Boot-Krieges war bitter: Insgesamt gingen zwischen 1939 und 1945 757 U-Boote verloren, davon 648 in See. Dabei starben 30 000 U-Boot-Fahrer. Auch die Alliierten zahlten ungeachtet ihrer Erfolge im Tonnagekrieg einen hohen Preis: Sie hatten den Verlust von

Erfolge und Verluste der deutschen U-Boote 1939 bis 1945 (nach Kriegsschauplätzen)*

Zeitraum	Erfolge/Verluste/Relation			
	Atlantik, Nordsee, Indischer Ozean	**Mittelmeer**	**Nordmeer**	**insgesamt**
1. bis 4. Phase	8 018 244 BRT	79 813 BRT	159 396 BRT	8 257 452 BRT
(Sept. 1939 bis	82 Boote	12 Boote	2 Boote	96 Boote
Juli 1942)	97 783 BRT/Boot	6 651 BRT/Boot	79 698 BRT/Boot	86 015 BRT/Boot
5. Phase/1. Teil	2 482 025 BRT	102 488 BRT	84 420 BRT	2 668 933 BRT
(Aug. 1942 bis	39 Boote	7 Boote	4 Boote	50 Boote
Dez. 1942)	63 641 BRT/Boot	14 641 BRT/Boot	21 105 BRT/Boot	53 379 BRT/Boot
5. Phase/2. Teil	1 534 952 BRT	107 546 BRT	30 015 BRT	1 672 513 BRT
(Jan. 1943 bis	82 Boote	11 Boote	11 Boote	94 Boote
Mai. 1943)	18 719 BRT/Boot	9 777 BRT/Boot	30 015 BRT/Boot	17 793 BRT/Boot
6. Phase	334 491 BRT	70 490 BRT	4 329 BRT	409 310 BRT
(Juni. 1943 bis	71 Boote	5 Boote	2 Boote	78 Boote
Aug. 1943)	4 711 BRT/Boot	14 098 BRT/Boot	2 165 BRT/Boot	5 248 BRT/Boot
7. Phase	419 499 BRT	130 800 BRT	50 174 BRT	600 473 BRT
(Sept. 1943 bis	121 Boote	16 Boote	16 Boote	153 Boote
Mai. 1944)	3 467 BRT/Boot	8 175 BRT/Boot	3 136 BRT/Boot	3 925 BRT/Boot
8. Phase	572 483 BRT	0 BRT	60 704 BRT	633 187 BRT
(Juni. 1944 bis	172 Boote	11 Boote	20 Boote	203 Boote
Mai. 1945)	3 328 BRT/Boot	0 BRT/Boot	3 025 BRT/Boot	3 119 BRT/Boot

* Ohne Verluste in der Ostsee, jedoch einschließlich der Verluste in den Frontstützpunkten durch Bombentreffer oder durch Selbstversenkung und Außerdienststellung.

In den folgenden Zeiträumen sind an Versenkungserfolgen hinzuzurechnen:

September 1939 bis Juli 1942: 2 Flugzeugträger, 1 Geleitflugzeugträger, 4 Kreuzer, 16 Zerstörer, 13 Sicherungsfahrzeuge, 3 U-Boote;

August 1942 bis Mai 1943: 1 Flugzeugträger, 1 Geleitflugzeugträger, 9 Zerstörer, 3 Fregatten, 1 U-Boot;

Juni 1943 bis Mai 1945: 1 Geleitflugzeugträger, 1 Leichter Kreuzer, 16 Zerstörer, 27 Fregatten bzw. Sicherungsfahrzeuge und 4 Landungsschiffe.

Quelle: Rahn: Die Deutsche Seekriegführung 1943 bis 1945.
In: Das Deutsche Reich und der Zweite Weltkrieg. Bd 10/1, S. 168.

2610 Handelsschiffen mit ca. 13 Millionen BRT sowie 178 Kriegsschiffen zu beklagen. Etwa 40 000 Seeleute verloren dabei ihr Leben.

Im September 1943 hatte Dönitz erneut den Kampf gegen alliierte Geleitzüge im Nordatlantik aufgenommen. Die technischen Neuerungen und auch die Kampfwertsteigerung mit zusätzlichen Flugabwehrkanonen zeigten keine große Wirkung. Bis zur alliierten Landung am 6. Juni 1944 fochten die deutschen U-Boote einen aussichtslosen Kampf gegen einen vor allem luftüberlegenen Gegner, der zudem über eine herausragende Aufklärung verfügte und technisch auf einem moderneren Stand war als die Deutschen. Die »Arbeitstiere« im Atlantik blieben die

Soldaten hinter den Küstenbefestigungen

Außenarbeiten an einem U-Boot.

Boote vom Typ VII und IX, deren Besatzungen einen hohen Blutzoll zu zahlen hatten.

Im August 1943 befahl Hitler für die Atlantikhäfen eine Verstärkung der bestehenden Verteidigungsanlagen und den Bau von Verteidigungsgürteln. Gerade für Brest und Lorient war dies notwendig, da sich nahegelegene Strandabschnitte für gegnerische Landungsunternehmen anboten. Trotz der sichtbaren Vorzeichen einer Landung der Alliierten stockte der Bau der Verteidigungsanlagen immer wieder, weil die Ausbauten der U-Boot-Bunkeranlagen und V-Waffen-Abschussanlagen priorisiert wurden. Die deutsche Propaganda hatte vermehrt auf die große Bedeutung des Atlantikwalls hingewiesen – doch Ende 1943 war der im Dezember 1941 befohlene Atlantikwall eher Flickwerk. Die Häfen Ijmuiden, Hoek van Holland, Dünkirchen, Boulogne, Le Havre, Cherbourg, Saint-Malo, Brest, Lorient, Saint-Nazaire, La Rochelle, die Stützpunkte Gironde-Süd bei Royan und Gironde-Nord bei Le Verdon sowie die Kanalinseln wurden am 19. Januar 1944 zu Festungen erklärt. Eine Mischung aus unterschiedlichen deutschen Verbänden erhielt nun den Auftrag, im Falle einer alliierten Landung die Häfen mindestens 56 Tage zu halten. Sie waren nicht einheitlich ausgerüstet und meist schlecht ausgebildet. All dies erforderte eine strenge Disziplin der Festungstruppen, die in einem Geheimbericht eines französischen Informanten aus Brest vom 30. März 1944 durchaus als »intakt« bezeichnet wurde. Neben dem Zustand der Werft- und Hafenanlagen sowie der im Hafen liegenden Einheiten berichtete er auch über die »Truppe«: Die Moral der U-Boot-Offiziere sei nur mittelmäßig. Kommandanten und Offiziere suchten immer wieder nach technischen Gründen, um nicht auslaufen zu müssen.

Derartige »Auflösungserscheinungen« waren seit dem Steigen der Verlustraten ab Mitte 1943 zu beobachten. Im September 1943 gab Dönitz einen »Erlass gegen Kritiksucht und Meckerei« heraus, um der sinkenden Moral zu begegnen. Immer häufiger wandte er sich an seine U-Boot-Fahrer mit Durchhalteparolen, so auch am 1. März 1944: »Trotz Kenntnis von der Schwere der Verluste, trotz vieler Verfolgungen und Strapazen lässt sich der U-Bootsfahrer nicht unterkriegen. Hart gegen sich und das Schicksal, den Gegner hassend, an seine Waffe und den Sieg glaubend, geht er immer wieder hinaus in den ungleichen Kampf.«

Ob die vielbeschworene Opferbereitschaft bei den U-Boot-Besatzungen tatsächlich stark ausgeprägt war, ist fraglich angesichts der von Dönitz angeordneten Abschreckungs- und Einschüchterungsmaßnahmen. Fortan durfte nicht mehr der Kommandant eines Bootes darüber befinden, aufgrund technischer Mängel nicht auszulaufen, sondern nur noch ein von einer Marinewerft abgestellter Ingenieuroffizier. Aber auch die Verurteilung und Hinrichtung des Kommandanten von U 154,

Das Schicksal von Oberleutnant zur See Oskar Kusch

1918 in Berlin geboren, trat Oskar Kusch im April 1937 in die Kriegsmarine ein. Nach der Absolvierung einiger Lehrgänge diente er bis März 1940 auf dem Leichten Kreuzer »Emden«. Nach einer halbjährigen U-Boot-Ausbildung wurde er II. Wachoffizier (WO) auf U 103 (Typ IX B). Nach seinem Kommandantenlehrgang kehrte er als I. WO im August 1942 auf das Boot zurück.

Am 8. Februar 1943 erhielt Kusch in Lorient das Kommando über U 154 (Typ IX C). Die Besatzung bestand aus vier Offizieren und 44 Unteroffizieren samt Mannschaften. Nach der Rückkehr von seiner zweiten Feindfahrt am 20. Dezember 1943 denunzierte der I. WO, Oberleutnant zur See Dr. Ulrich Abel, seinen Kommandanten wegen regimekritischer Äußerungen. Der Führer der U-Boote West, Kapitän zur See Rösing, leitete ein Ermittlungsverfahren wegen »Zersetzung der Wehrkraft, Beschimpfen des Reiches und Gräuelpropaganda« ein. Am 20. Januar 1944 wurde Kusch in Lorient verhaftet und in die Kriegswehrmacht-Haftanstalt in Angers verbracht. Anschließend überführte man ihn am 23. Januar in das Marine-Untersuchungsgefängnis in Kiel-Wik. Am 26. Januar verurteilte das Kriegsgericht des FdU West ihn zum Tode. Die Exekution von Kusch fand am 12. Mai 1944 in Kiel statt.

1996 wurde Kusch rehabilitiert. Die Straße an der Hinrichtungsstätte ist seit 1998 nach ihm benannt. Seit April 2021 trägt die im Marinestützpunkt Kiel-Wik liegende ehemalige »Scheer-Mole« den Namen »Oskar-Kusch-Mole«.

Oberleutnant zur See Oskar Kusch, muss ihre Wirkung ebenso entfaltet haben wie das Abkommandieren von U-Boot-Besatzungen zu Exekutionen von Fahnenflüchtigen.

In den Erinnerungen, die nach dem Krieg verfasst wurden, verblassen diese Ereignisse und Maßnahmen zugunsten der Schilderungen von Opferbereitschaft, Heldentum, sauberer Kriegführung und unpolitischem Soldatentum. Dies schloss die Oberbefehlshaber ein, unter denen Dönitz als besonders charismatischer Truppenführer galt. Seine bedingungslose Treue zum »Führer« und überzeugte nationalsozialistische Haltung wurden zugunsten seiner soldatischen Leistungen hintangestellt. Offiziere berichteten nach dem Krieg, dass sie wie elektrisiert waren, nachdem Dönitz zu ihnen gesprochen hatte. So etwa Anfang 1944, als er die Wirkung des U-Boots Typ XXI als »Wunderwaffe« beschwor und damit die angeschlagene Stimmung der U-Boot-Offiziere kurzfristig wieder hob. Dönitz notierte dennoch im März 1944 im Kriegstagebuch der Seekriegsleitung: »Der U-Boot-Krieg ist mit den vorhandenen Mitteln fortzuführen. Verluste, die zu den augenblicklichen Erfolgen nicht im Verhältnis stehen, müssen in Kauf genommen werden, so bitter sie zu ertragen sind.«

Die alliierte Landung in der Normandie

Am 6. Juni 1944 fand die seit Langem erwartete Landung der Alliierten in Frankreich statt – entgegen den Erwartungen der Wehrmacht allerdings an der Küste der Normandie und nicht am Pas de Calais. Die ohnehin zahlenmäßig geringen Einheiten der Kriegsmarine – 5. Torpedoboot-Flottille, 34 Schnellboote sowie Hilfsminensuch- und Vorpostenboote – waren machtlos gegenüber der riesigen Übermacht der vor der Küste aufmarschierten alliierten Flotte. Vor dem Anlandestrand *Sword Beach* versenkten sie lediglich den norwegischen Zerstörer »Svenner« und in der Seine-Bucht vier britische und US-Landungsschiffe. Die Kriegsmarine hatte zudem noch nicht alle Minensperren ausgelegt, und die beabsichtigte »Blitz-Verminung« fand nicht mehr statt. Zunächst liefen 35 U-Boote unmittelbar am Tag der Landung von Brest, Saint-Nazaire, La Pallice und Lorient aus – weitere folgten während der nächsten Wochen. Sie bildeten die U-Boot-Gruppe »Landwirt«, die vom Führer

Die deutschen Marineeinheiten, hier ein Schnellboot am 20. Juni 1944, konnten der alliierten Landung nichts entgegensetzen, auch wenn die NS-Propaganda andere Bilder zeigte.

der U-Boote West, Kapitän zur See Hans-Rudolf Rösing, eilig zusammengestellt worden war. Sie sollten entweder ins Landungsgebiet vordringen oder einen Aufklärungsstreifen bilden, da weitere Landungsunternehmen an der französischen Westküste erwartet wurden.

Derweil rief Dönitz am 7. Juni seine Besatzungen zu rücksichtslosem Vorgehen gegen die alliierten Truppen auf: »U-Bootsmänner: Auch von Euch hängt jetzt mehr als zu irgend einer anderen Zeit die Zukunft unseres deutschen Volkes ab. Ich verlange daher von Euch rücksichtslosesten Einsatz ohne Rücksicht auf sonst geltende Vorsichtsmaßnahmen. Jedes feindliche Fahrzeug, das der Landung dient, ist unter vollem Einsatz anzugreifen, auch unter Gefahr des Verlustes des eigenen Bootes. Jeder Mann und jede Waffe des Feindes, die vor der Landung vernichtet werden, verringern seine Aussicht auf Erfolg. Ich weiss, dass ich mich dabei auf Euch, meine in härtesten Kämpfen bewährten U-Bootsmänner, verlassen kann. Euer Ob. d. M und BdU.«

Bereits im Mai 1944 hatte Dönitz befohlen, die U-Boot-Flottillen in Frankreich mit in Deutschland und Norwegen stationierten U-Booten zu verstärken. 26 VII-C-U-Boote hatten daraufhin zwischen dem 13. Mai und dem 20. Juni ihre Stützpunkte verlassen. Viele sollten in den kommenden Wochen verloren gehen: Sechs U-Boote bereits im Mai auf dem Weg an die französische Küste, zwölf weitere während und nach der Landung. Vier U-Boote brachen zudem das Unternehmen ab. Bis Ende Juli liefen gerade noch vier U-Boote in französische Häfen ein.

Auch die drei in der Gironde stationierten Zerstörer Z 24, Z 32 und ZH 1 liefen aus, sie wurden durch das in Brest stationierte Flottentorpedoboot T 24 verstärkt. Sie sollten in Cherbourg Minen laden, um diese vor Brest zu verlegen. Die Spezialisten in Bletchley Park konnten das Unternehmen jedoch enttarnen. Acht alliierte Zerstörer fingen den deutschen Verband am 9. Juni im Seegebiet de la Vierge ab. Z 32 erhielt so schwere Treffer, dass sich der Kommandant, Korvettenkapitän Georg Ritter und Edler Herr von Berger, entschloss, das Boot auf einen Felsen vor der Île de Batz aufzusetzen, um die Besatzung zu retten. Dennoch verloren 40 Mann ihr Leben, da sie während des Vonbordgehens weiter beschossen wurden. ZH 1 war ein niederländischer, von den Deutschen requirierter Zerstörer, der bei dem Gefecht zahlreiche Artillerie- und Torpedotreffer erhielt und sank. Der letzte deutsche Zerstörer im At-

Alliierter Luftangriff auf Le Havre, August 1944

Ein Einmann-Torpedo im Einsatz

lantik Z 24 und das Torpedoboot T 24 zogen sich zunächst nach Brest zurück, bevor sie wieder in die Gironde zurückkehrten.

Die U-Boote kamen langsamer voran. U 740 hatte sich nach dem Auslaufen nicht mehr gemeldet und wurde drei Tage später als Verlust deklariert. U 256 wurde am 7. Juni beim Auslaufen durch einen britischen Tieffliegerangriff so schwer beschädigt, dass es umgehend umkehren musste. Am 8. Juni versenkte ein britischer »Liberator«-Bomber die U-Boote U 373 und U 441. Vier U-Boote mussten den Rückmarsch antreten, da sie nach Fliegerangriffen schwer beschädigt waren. Die übrigen U-Boote, die aus den französischen Häfen ausgelaufen waren, erreichten am 14. Juni die Landungszone.

An den folgenden zwei Tagen griffen die Alliierten die Häfen von Le Havre und Boulogne an. Allein in Le Havre versenkten die Bomber drei Torpedoboote, zehn Schnellboote, sieben Minensuchboote, acht Vorpostenboote und zahlreiche Hilfseinheiten. Zuletzt operierten nur noch U-Boote, einige kleinere Vorposten- und Minensucheinheiten sowie Einmann-Torpedos im Landungsgebiet. Bis zum 30. Juni erreichten 180 Truppentransporter, 570 »Liberty«-Schiffe, 788 Küstenmotorschiffe und Hunderte von Landungsschiffen die Küste der Normandie. Den deutschen U-Booten gelang es, sieben Sicherungsfahrzeuge, drei Landungsfahrzeuge und 13 Frachter mit knapp 60 000 BRT zu versenken. 25 deutsche U-Boote gingen während der alliierten Landung in der Normandie verloren.

Im Rahmen der Operation »Dredger« machten die Alliierten seit dem 5. Juli Jagd auf deutsche Seestreitkräfte. Weitere Vorposten- und Minensuchboote wurden versenkt. Der Englische Kanal und das Küstenvorfeld waren inzwischen unter alliierter Kontrolle. Dennoch versuchten U-Boote immer wieder, in das Küstenvorfeld einzubrechen und gegnerische Einheiten anzugreifen. Für Juli 1944 sind 20 Feindfahrten dokumentiert, bei denen fünf Schiffe mit knapp 13 000 BRT versenkt wurden. Acht U-Boote gingen verloren. Die meisten Unternehmungen wurden abgebrochen, und die Stützpunktkommandanten setzten nun die U-Boot-Besatzungen zur Hafenverteidigung ein.

Selbst Verlegungsfahrten zwischen den französischen Stützpunkten wurden für die U-Boote zu einem gefährlichen Unternehmen. Bei 16 Verlegungsfahrten im August 1944 gingen sieben U-Boote verloren. Dönitz befahl am 26. August, die Operationen im Englischen Kanal einzustellen und die U-Boote wieder nach Norwegen zu verlegen, da die Alliierten nun auch die gesamte Biskaya beherrschten. »Der U-Boot-Krieg«, so Dönitz, »wird im alten Geiste und mit neuen Mitteln weitergehen. Ich habe daher befohlen, dass möglichst viele U-Bootsfahrer einschließlich FdU West zu Land oder See in die Heimat zurückkehren, um für die Weiterführung des U-Boot-Krieges eingesetzt zu werden.« Im August und September verließen 37 U-Boote die französischen Stützpunkte Richtung Norwegen. Auf ihrem Weg versenkten sie sieben alliierte Schiffe mit knapp 20 000 BRT. Sechs U-Boote erreichten ihr Ziel nicht.

Nun kamen die U-Boote vor allem vor Norwegen und in der Nordsee zum Einsatz. Der Kommandierende Admiral der U-Boote, Admiral Hans-Georg von Friedeburg, formulierte an Bord des U-Boot-Flottentenders »Otto Wünsche« im Oktober 1944 seine Gedanken in einem »Wort an alle U-Bootskommandanten«. Darin stellte er die Vorkämpferrolle der Kommandanten heraus und betonte, dass »Ehre [...] Zwang genug« zum Kämpfen sei. Er appellierte an die »verschworene Gemeinschaft« der U-Boot-Fahrer, deren »Ehrenschild« nicht durch Feigheit und Angst besudelt werden dürfe. Es seien nun Draufgängertum und Durchhaltewillen gefordert; besonders die Kommandanten müssten sich dadurch des »Vertrauens und der Ehre würdig« erweisen, die ihnen durch die Berufung in diese Stellung zuteilgeworden sei.

Durchhalteparolen, die den Glauben an den »Endsieg« herbeibeschworen, zählten fortan zum Tagesgeschäft in einem Krieg, der längst verloren war. Bis zum Kriegsende ging das Sterben der deutschen U-Boot-Waffe weiter.

Die Festungen am Atlantik

Seit der alliierten Landung und der Zunahme von Bombenangriffen auf deutsche Städte war im Deutschen Reich allerorts die prekäre Lage spürbar. Als US-Panzerdivisionen am 1. August die deutsche Verteidigungslinie in der Normandie bei Avranches durchbrachen, hatten sie bis zur Loire keine deutsche Gegenwehr mehr zu erwarten. Das VIII. US-Korps unter General Troy H. Middleton marschierte in Richtung Atlantikküs-

Generäle der US-Army, mit Pfeife General Troy H. Middleton (1889–1976), in einem Beobachtungsstützpunkt nahe Brest, 1. August 1944

Mitglieder der Résistance im August 1944 in Kersaint, nahe Brest

te, um die dortigen Häfen in Besitz zu nehmen und amerikanische Versorgungsbasen binnen dreier Monate aufzubauen. Die deutschen Truppen hingegen befanden sich in Auflösung und zogen sich auf Befehl des Kommandierenden Generals des XXV. Armeekorps, General Wilhelm Fahrmbacher, am 2. August 1944 in die Festungen zurück.

Die französische Zivilbevölkerung begrüßte die vorrückenden US-Soldaten. Sie erhielten Unterstützung von Angehörigen der Résistance, die bereits seit 1943 immer wieder Überfälle auf deutsche Einrichtungen unternommen, Bahnlinien unterbrochen oder Straßen blockiert hatte. So war am 16. April 1944 der BdU-Zug aufgrund eines Anschlags entgleist. Mit ihren Angriffen trafen die Widerstandskämpfer vermehrt die Belegschaften der Werften; Arbeitswege wurden erschwert und die Arbeitsstätten selbst zu unsicheren Orten. Seit der alliierten Landung blieben zudem viele französische Werft- und Arsenalarbeiter der Arbeit fern oder kehrten nicht aus dem Urlaub zurück. Der Strom reichte nicht mehr aus, und das Post- und Telegrafennetz waren unterbrochen. Dennoch versuchte man, z. B. in der Werft und im Arsenal Brest, weiterzuarbeiten. In der Stadt herrschten unübersichtliche Verhältnisse: Deutsche Truppen strömten auf ihrem Rückzug vor den Alliierten in die Stadt, andere rückten ab. Die tägliche Angst vor Bombenangriffen blieb.

Der deutsche Rückzug aus der Bretagne verlief völlig ungeordnet. Während die Heeresbefehlshaber den Abzug der Truppen anordneten, erhielten die örtlichen Marinekommandeure Befehle zum Durchhalten aus Berlin. Resigniert notierte der Oberbefehlshaber der Marinegruppe West in Paris, Admiral Theodor Krancke, in der Bretagne herrsche ein »heilloses Wirrwarr«.

Am 7. August 1944 erreichten die ersten amerikanischen Panzerspähwagen Brest. Die deutsche Marineflak eröffnete das Feuer und entfesselte so den Kampf um die Stadt. Es rächte sich nun, dass zu viel Energie in die seeseitigen Sicherungen des Stützpunktes sowie der Hafenanlagen geflossen war, während die landseitigen Verteidigungsanlagen vernachlässigt worden waren. Mit Hochdruck wurden Geschütze und Waffen der noch vorhandenen Überwassereinheiten abgebaut und in die Verteidigungsanlagen integriert. Im U-Boot-Bunker lagen noch 13 U-Boote, von denen elf seeklar gemacht werden konnten. U 309, U 963, U 953 und U 766 evakuierten Werftarbeiter, Baubeamte und auch An-

Vor den Kämpfen suchte die Bevölkerung von Brest Schutz in der Umgebung, wie hier in einem Tunnel, der als Krankenhaus diente.

Ein von britischen Bomben getroffener U-Boot-Bunker in Brest

gehörige der Sicherheitsdienste nach La Pallice oder Bordeaux. Sieben Boote erreichten ihre Bestimmungshäfen nicht. Der spätere Schriftsteller Lothar-Günther Buchheim, der sich als Kriegsberichterstatter in Brest aufhielt, entkam auf U 309. Diese Ereignisse hat er später in seinem Roman *Die Festung* (1995) verarbeitet. Am selben Tag töteten deutsche Marinesoldaten 42 Zivilisten nördlich von Brest. Das Massaker von Penguerec/Gouesnou gilt als Kriegsverbrechen.

Die Zivilbevölkerung hatte Brest größtenteils verlassen, als die Stadt am 25. August 1944 angegriffen wurde. Alliierte Jagdbomber vernichteten die verbliebenen Schiffe im Hafen, und das britische Schlachtschiff »HMS Warspite« feuerte auf die Festung. Amerikanische Artillerie griff die deutschen Verteidigungsanlagen an. Am 27. August verzeichnete der Festungskommandant Generalleutnant Herrmann-Bernhard Ramcke eine Festungsstärke von 37 058 Mann. Ihm zur Seite stand der Kommandant der Seeverteidigung Bretagne, Konteradmiral Otto Kähler. Ihm dankte Dönitz am 4. September fernschriftlich: »Ich weiß, dass Sie persönlich und Ihre Soldaten alles daran setzen werden, um die Festung Brest in den Kampfabschnitten der Kriegsmarine bis aufs Letzte zu verteidigen, um dem Gegner jeden Fußbreit Bodens streitig zu machen. Jeder Tag, den Ihr dem Gegner den Zutritt zu diesem wichtigen Hafen verwehrt, hilft dem schwerringenden Westheer in seinem Kampf. Kämpft hart und verbissen und macht den Kampf um die Festung Brest zu einem Ruhmesblatt der Kriegsmarine.«

Die deutschen Soldaten leisteten weiter Widerstand, konnten aber nicht verhindern, dass das Festungsgebiet kleiner wurde. Besonders schlimm waren die Zustände in den U-Boot-Bunkern und den Arsenalstollen, die als Schlaf- und Verpflegungsplätze sowie als Lazarett dienten.

Am 12. September waren noch ungefähr 7000 Mann und 13 schwere Geschütze einsatzbereit. Die Stadt war zusammengeschossen. Um die Amerikaner am Vormarsch zu hindern, ließ Festungskommandant Ramcke ganze Straßenzüge abbrennen. Während die Moral der Truppe in der belagerten Stadt immer schlechter wurde, Trinkgelage stattfanden und Selbstmorde sich häuften, fällte der Kommandant inmitten der Ruinen Todesurteile wegen Fahnenflucht. Am 18. September kapitulierte der stellvertretende Festungskommandant, Generalmajor Hans von der Mosel. Die Flucht des Kommandanten Ramcke mit einem Flugboot misslang. Er ergab sich einen Tag später.

In einem Augenzeugenbericht hieß es: »Das Bild, als wir nach Wochen in den dunklen stinkenden Stollen wieder herauskamen: Die vollkommen zerstörte Stadt, die rauchenden Trümmer, die jämmerlichen ausgemergelten Menschen; das Hafenbecken voller Unrat, Leichen, Möbeln, zerstörten Schiffen und Kraftfahrzeugen, Schreibmaschinen, Radio-Apparaten, Maschinenteilen – bei Ebbe kaum alles vom Wasser bedeckt.« 38 000 deutsche Soldaten gingen in Kriegsgefangenschaft. Die Amerikaner waren auf diese Masse Kriegsgefangener nicht vorbereitet.

Aufgrund der strategischen Lage und des bereits weit fortgeschrittenen Vormarsches der Alliierten eignete sich Brest nach der Befreiung nicht als Umschlaghafen für den amerikanischen Nachschub. Seit britische Truppen am 4. September den unzerstörten Hafen von Antwerpen besetzen konnten, hatten die Alliierten an einer Verwendung der französischen Atlantikhäfen ohnehin kein Interesse mehr.

Zum Zeitpunkt der Kapitulation von Brest waren in den übrigen Marinestützpunkten die Hafenanlagen vermint und wesentliche Einrichtungen unbrauchbar gemacht worden. Etwa 1000 Mann der 6. Vorpostenflottille, der 8. Minensuchflottille und der Marinewerft konnten vor dem Einschluss der Festung Saint-Nazaire noch nach Deutschland evakuiert werden. Z 24 und T 24 fielen am 24. August 1944 britischen Flie-

Place Anatole France: Übergabe der Stadt Brest durch General Middleton an den Bürgermeister Jules Lullien (1883–1971) an dem Ort, an dem die Stadt 1940 kapituliert hatte, September 1944

gerbomben vor Verdon-sur-Mer zum Opfer. Damit waren auch die letzten größeren Einheiten im Atlantik vernichtet worden. In Lorient, Brest und Saint-Nazaire lagen noch jeweils zwei U-Boote, drei weitere in Bordeaux und sechs Boote in La Pallice. Um diese Boote nach Norwegen zu verlegen, mussten teilweise die Besatzungen neu zusammengestellt werden, da die alliierte Landung einige Soldaten im Heimaturlaub überrascht hatte. Neun Boote erreichten Norwegen. In der Biskaya fiel U 445 einem Luftangriff zum Opfer; fünf Boote waren nicht fahrbereit und mussten zurückgelassen werden. Dönitz befahl den in den Festungen zurückbleibenden Marinesoldaten, diese bis zum Äußersten zu verteidigen. U 267 unter Oberleutnant zur See Bernhard Knieper lief als letztes deutsches U-Boot aus Saint-Nazaire am 23. September 1944 aus.

Die an der Kanalküste liegenden Festungen Calais, Boulogne, Le Havre und Cherbourg hatten wie Brest bereits im September 1944 oder früher kapituliert. Französische Streitkräfte kämpften Mitte April 1945 die in der Gironde-Mündung liegenden deutschen Stützpunkte frei. Der Kommandant der Seeverteidigung Gascogne und Festungskommandant der Girondemündung, Konteradmiral Hans Michahelles, kapitulierte am 17. April.

Der kommandierende General der 66. US-Infanteriedivision, Generalmajor Herman F. Krammer (l., 1892–1964), nimmt am 9. Mai 1945 die Kapitulationswaffen von General Wilhelm Fahrmbacher (r.,1888–1970) entgegen.

15 Tage nach der bedingungslosen Kapitulation der Wehrmacht verhafteten britische Soldaten am 23. Mai 1945 in Flensburg-Mürwik Großadmiral Dönitz (Mitte) und alle Mitglieder der letzten »Reichsregierung«, unter ihnen Rüstungsminister Albert Speer (r. hinter Dönitz, 1905–1981) und Generaloberst Alfred Jodl (l. neben Speer, 1890–1946), Chef des Wehrmachtführungsstabes im Oberkommando der Wehrmacht.

Am Abend des 7. Mai 1945 erhielten die Festungskommandanten Kenntnis von der bevorstehenden Gesamtkapitulation. Die Festung Dünkirchen unter Vizeadmiral Friedrich Frisius kapitulierte ebenso wie der Kommandant der Kanalinseln, Vizeadmiral Friedrich Hüffmeier, am 9. Mai 1945. General Wilhelm Fahrmbacher, Festungskommandant von Lorient, kapitulierte am 10. Mai 1945 und Generalleutnant Hans Junck übergab Saint-Nazaire erst am 11. Mai 1945 an die Amerikaner. Es ging aber auch anders: Französische Truppen besetzten La Rochelle am 9. Mai und der Festungskommandant, Vizeadmiral Ernst Schirlitz, übergab, wie zuvor vereinbart, die Stadt in unversehrtem Zustand.

All dies geschah zu einem Zeitpunkt, als Hitler bereits Selbstmord begangen hatte, Dönitz sein Nachfolger geworden, die »Reichsregierung« nach Flensburg ausgewichen war und das Deutsche Reich in Schutt und Asche lag. Tausende von Flüchtlingen aus den östlichen Gebieten suchten eine neue Heimat in den völlig zerstörten deutschen Städten, nachdem sie auf teilweise abenteuerliche Weise geflohen oder über die Ostsee gerettet worden waren. 222 U-Boote hatten sich im Rahmen des Unternehmens »Regenbogen« bereits selbst versenkt. 174 U-Boote ergaben sich den Alliierten. Die neuen XXIer-U-Boote fielen den Franzosen und Briten in die Hände, die einige Boote an die Sowjetunion weitergaben.

↗ **Dönitz (ganz links) mit Sonnenbrille und neben ihm Raeder auf der Anklagebank im Nürnberger Hauptkriegsverbrecherprozess, 1946**

7 Maritime Nachbeben

Auf der Anklagebank: Raeder und Dönitz in Nürnberg

Während sich noch viele deutsche Soldaten in Kriegsgefangenschaft befanden, richtete die Welt den Blick nach Nürnberg. Dort fand vom 20. November 1945 bis 1. Oktober 1946 der Prozess gegen die Hauptkriegsverbrecher vor dem Internationalen Militärgerichtshof statt. Unter den Angeklagten befanden sich auch die Großadmirale Raeder und Dönitz.

Die Anklage warf Raeder insbesondere dessen Teilnahme an verschiedenen Besprechungen mit Hitler vor, in denen Angriffskriege geplant worden seien. Den Überfall auf Norwegen habe Raeder verantwortlich herbeigeführt und an den Planungen gegen die Vereinigten Staaten von Amerika sei er führend beteiligt gewesen. Die langfristige Kriegsplanung gegen Großbritannien sei durch das deutsch-britische Flottenabkommen und die operativen Planungen belegt und zeuge von der Skrupellosigkeit des Oberbefehlshabers. Konkret klagte das Gericht Raeder und mithin die Seekriegsleitung an, für die Versenkung der

Zwangsarbeitende, Kriegsgefangene und KZ-Häftlinge errichteten im Auftrag der Seekriegsleitung U-Boot-Bunker. Allein beim Bau des Bunkers »Valentin« in Bremen starben mehr als 1600 Menschen.

»Athenia«, die warnungslose Versenkung neutraler Schiffe und den »Laconia-Befehl« als angeblichen »Vernichtungsbefehl« sowie den »Kommandobefehl« vom 18. Oktober 1942 verantwortlich zu sein. Dieser ordnete an, dass uniformierte oder zivile Kommando-, Sabotage- oder Terrortrupps entweder unverzüglich zu töten oder dem Sicherheitsdienst zu übergeben waren.

Dönitz wiederum wurde vorgeworfen, das Unternehmen »Weserübung« mit herbeigeführt und eine inhumane U-Boot-Kriegführung befohlen zu haben. Die Tötung von Schiffbrüchigen und die Heranziehung von KZ-Häftlingen und Zwangsarbeitenden legte das Gericht ihm ebenso zur Last wie den »Kommandobefehl« und den »Laconia-Befehl«. Ferner meinte das Gericht, eine generelle »zynische und opportunistische« Grundhaltung bei ihm zu erkennen.

Raeder und Dönitz hielten sich für ungerechtfertigt angeklagt und für unschuldig. Sie und ihre Verteidiger verfolgten das Hauptziel, die deutsche Seekriegführung und somit den U-Boot-Krieg als legal darzustellen. Des Weiteren versuchten sie, die Vorwürfe inhumaner Handlungen auszuräumen und zu verdeutlichen, dass das ehemalige Spitzenmilitär keine politische Verantwortung für Entscheidungen Hitlers trage.

Raeder und Dönitz hatten während ihrer Dienstzeit als Oberbefehlshaber immer wieder die Geschlossenheit der gesamten Kriegsmarine beschworen. Deswegen betrachteten beide die gegen sie erhobenen Vorwürfe als gegen die gesamte Kriegsmarine gerichtet. Die Verteidigung sammelte Entlastungsmaterial. Ein eigens eingerichteter Kurierdienst transportierte eidesstattliche Erklärungen, Massenpetitionen aus Kriegsgefangenenlagern, privat-dienstliches Schriftgut, Dokumente und Briefe von einer Sammelstelle in Hamburg nach Nürnberg. Dabei nutzte die Verteidigung Offiziere des unter alliierter Kontrolle stehenden Deutschen Minenräumdienstes. Wöchentlich fuhr ein junger U-Boot-Offizier in einem als Wäschereikraftwagen getarnten Kurierfahrzeug nach Nürnberg. Außerdem erreichte die Verteidigung, dass der ehemalige Kapitän zur See Hans Meckel aus dem Stab von Dönitz die in London eingelagerten deutschen Akten sichten konnte, um Entlastungsmaterial beizubringen.

Entlastenden Zuspruch erhielten die beiden ehemaligen Oberbefehlshaber aus dem Ausland. Beispielsweise wandte sich der US-Flottenchef, Admiral Chester W. Nimitz, mit dem Argument an das Gericht, dass auch die USA am 7. Dezember 1941 im pazifischen Raum mit der warnungslosen Versenkung aller nichtalliierten Handelsschiffe begonnen hätten, und zog so eine Parallele zur deutschen Seekriegführung.

Am 30. September 1946 verurteilte der Internationale Gerichtshof Raeder zu lebenslanger und Dönitz zu zehn Jahren Haft. Die harten Urteile bewerteten beide als »Siegerjustiz« und als letzten Beweis für die Rechtswidrigkeit des Verfahrens sowie die Inkompetenz des Gerichtshofes. Otto Kranzbühler, ein ehemaliger Flottenrichter und Verteidiger von Dönitz, erklärte, es habe sich um ein Urteil für erwiesene Unschuld gehandelt. Raeder interpretierte das Urteil als »moralischen Freispruch«.

Die Beteiligung beider Oberbefehlshaber am »Kommandobefehl« fand im Urteilsspruch keine Berücksichtigung. Zweifel hegte das Gericht jedoch an den Einlassungen von Raeder und Dönitz, sie hätten keine Kenntnis von den Judenverfolgungen und den Konzentrationslagern gehabt. »Ein Mann seiner Stellung«, so die Formulierung im Urteil gegen Dönitz, »musste notwendigerweise wissen, dass Bewohner aus den besetzten Ländern in großer Anzahl in Konzentrationslagern ge-

Die Zweideutigkeit des »Laconia-Befehls« und der »Eck-Prozess« 1945

Die Nürnberger Anklagevertretung wertete den »Laconia-Befehl« letztlich nicht als ausdrücklichen Mordbefehl, wohl aber als einen verklausulierten Mordaufruf gegen Schiffbrüchige. Im Urteil der Richter hieß es, dass der Befehl »zweifellos zweideutig« gewesen sei. Aussagen von ehemaligen Offizieren der Kriegsmarine bestätigten, dass der Befehl durchaus missverstanden werden konnte. Zumindest brachte er die Kommandanten in schwierige Gewissenslagen. Der ehemalige Chef der 5. U-Boot-Flottille in Kiel, Korvettenkapitän Karl-Heinz Moehle, hatte vor Gericht ausgesagt, dass er den Befehl als zweideutig empfunden, ihn aber wortgetreu an seine Kommandanten weitergegeben habe.

Moehle hatte auch den noch jungen U-Boot-Kommandanten, Kapitänleutnant Heinz-Wilhelm Eck, vor dessen Auslaufen am 18. Januar 1944 eingewiesen. Mit U 852 versenkte Eck den unter griechischer Flagge fahrenden Dampfer »Peleus« in der Nacht vom 13. auf den 14. März. Um das Trümmerfeld des Frachters zu beseitigen, ließ der Kommandant auf Trümmerteile und auch auf Rettungsflöße feuern. Anschließend verließ U 852 die Untergangsstelle, wurde Anfang Mai eingepeilt und aus der Luft bekämpft. Eck manövrierte das schwerbeschädigte U-Boot an die Küste und setzte es an den Strand. Großteile der Besatzung und er gerieten in britische Gefangenschaft.

Die Briten machten Eck im Hamburger Curio-Haus vom 17. bis 21. Oktober 1945 den Prozess. Das Gericht verurteilte Eck und zwei weitere an den Morden beteiligte Angehörige der Besatzung zum Tode. Am 30. November 1945 wurden diese in der Haftanstalt Hamburg-Altona hingerichtet. Es war der einzige alliierte Kriegsverbrecherprozess gegen ehemalige deutsche U-Boot-Fahrer.

fangen gehalten waren.« Während Dönitz' bedingungslose Gefolgschaft zu Hitler für das Gericht als erwiesen galt und er durch seine Durchhalteparolen, in denen er auch vom »auflösenden Gift des Judentums« gesprochen hatte, eine judenfeindliche Grundhaltung in der Kriegsmarine geschaffen hatte, traf Raeder dieser Vorwurf nicht. Dessen reserviertes Verhältnis zu Hitler entlastete ihn eher und bewahrte ihn vor der Todesstrafe. Die Frage, was Angehörige der militärischen Führung wissen mussten, sollten oder konnten, klärte das Gericht allerdings ebenso wenig auf wie die, warum diese bestimmte Zusammenhänge im Nationalsozialismus nicht zu kennen vorgaben. In seinem Schlussplädoyer stellte Kranzbühler heraus, dass Dönitz ein glühender Nationalsozialist gewesen sei. Das mache ihn aber nicht automatisch zu einem Kriegsverbrecher. Von dieser Argumentation zeigte sich das Gericht unbeeindruckt.

Während Raeder und Dönitz im Kriegsverbrechergefängnis in Spandau einsaßen, übernahmen ehemalige Angehörige der Kriegsmarine die Richterschelte der beiden Großadmirale und Kranzbühlers. In der Zeitschrift *Marine-Rundschau* ab 1953, in der Memoirenliteratur und später in den Lebenserinnerungen von Raeder und Dönitz wurde die Kritik an der Siegerjustiz fortgeschrieben. Die Alliierten entließen Raeder 1955 vorzeitig aus gesundheitlichen Gründen aus der Haft. Dönitz verbüßte den Gesamtzeitraum der Haftstrafe von zehn Jahren und wurde 1956 entlassen.

Das Bild der »sauberen« Kriegsmarine

Viele Angehörige der Kriegsmarine machten sich die Argumente der beiden Großadmirale, sie seien Opfer der Siegerjustiz, zu eigen. Auf diese Weise prägten sie in der Öffentlichkeit wie auch in der späteren Bundesmarine für lange Zeit das Bild des »sauberen« Kampfes und des »unpolitischen« Soldaten. Die Entkopplung des Kampfes von Moral und Verantwortung war für die meisten zunächst wohl auch eine Form, das Erlebte zu bewältigen. Im Lauf der Zeit stilisierte sich diese Denkweise aber zu einem Credo, das auch in den Soldatenverbänden verbreitet wurde. In zahlreichen Memoiren rechtfertigten ehemalige Offiziere ihr Handeln während der Kriegszeit und transportierten so das Bild von Tapferkeit, Pflichterfüllung und Heldentum in die junge Bundesrepublik Deutschland. Millionenfach verkauften sich *Landser*- und *Anker*- bzw. *SOS*-Hefte an den Kiosken, sodass die Mär des heldenhaften und »sauberen« Kampfes ungefiltert in die Wohnzimmer vorrangig ehemaliger deutscher Mannschaften und Unteroffiziere sickerte.

Ehemalige bildeten Netzwerke oder bauten bereits bestehende aus. All dies geschah streng hierarchisch organisiert, vornehmlich durch ehemalige Admirale und Stabsoffiziere. Mannschaften und Unteroffiziere hingegen bildeten Gesprächskreise in eigenen Marinemessen und Vereinen. Dort konnten sie Erlebtes besprechen und auf diese Weise verarbeiten, während sie ihren Alltag und den Wiederaufbau organisieren mussten.

Die westlichen Alliierten hatten ihre Kriegsgefangenen relativ zügig wieder nach Deutschland entlassen. Die Soldaten, die sich in sowjetischer Kriegsgefangenschaft befanden, hatten ein weitaus schwereres Los, da sie zum Teil erst Mitte der 1950er Jahre zurückkehrten.

Während sich die Soldatenverbände für die Entlassung der Kriegsgefangenen einsetzten, spielte dies bei Marineangehörigen eine nachgeordnete Rolle. Stattdessen feilte man weiter an einem positiven Bild der Kriegsmarine. Im Zusammenhang mit einem westdeutschen Verteidigungsbeitrag stellte sich die Frage, mit welchem traditionswürdigen Zeichenvorrat eine neue Marine aufgebaut werden könnte. Für die maritimen Netzwerke war klar, dass die beiden Großadmirale im Fokus der Tradition stehen müssten. Politische Aufmerksamkeit erregte die Begrüßung neuer Rekruten in Wilhelmshaven durch den kommissarischen Leiter der Abteilung Marine im neuen Bundesministerium für Verteidigung, Kapitän zur See Karl-Adolf Zenker. Zenker bekannte sich in seiner Ansprache am 16. Januar 1956 uneingeschränkt zu Raeder und Dönitz und sagte, »dass kein Makel an der Person unserer ehemaligen Oberbefehlshaber haftet« und beide »ihr Schicksal daher stellvertretend für uns alle« trügen.

Diese Äußerungen lösten eine Große Anfrage der SPD im Deutschen Bundestag aus. Unter der Frage »Wie halten es die neuen Streitkräfte mit der Tradition?« konzentrierte sich die Debatte am 18. April 1956 dann allerdings nur auf die Marine. Der SPD-Abgeordnete Carlo Schmid erteilte der Traditionswürdigkeit der beiden ehemaligen Großadmirale eine klare Absage. Er wiederholte die bereits in Nürnberg gemachte Aussage: »Ich wende mich gegen die Methode der politischen Schizophrenie, die glaubte, einen Menschen in zwei Hälften zerlegen zu können und sagen zu können: Er war ein hervorragender Soldat, und darum ist er ein Vorbild!, und vergessen zu können, dass er daneben auch ein Helfer Hitlers war, was einem das Recht gibt, nicht mehr von ihm in dieser Eigenschaft reden zu müssen.« In seiner Rede wies Schmid auf andere Traditionslinien der Marine hin und hob deren Leistungen im Ersten Weltkrieg hervor. Dabei erwähnte er explizit den Chef des Ostasiatischen Kreuzergeschwaders, Vizeadmiral Maximilian Reichsgraf von Spee, der vor den Falkland-Inseln im Dezember 1914 gefallen war.

Viel weitreichender und provokanter formulierte der wehrpolitische Berater der SPD und ehemalige Oberstleutnant Friedrich Beermann im Jahr 1958 während einer Veranstaltung in Glücksburg seine Überzeugung, dass der Heizer Albin Köbis und der Matrose Max Reichpietsch, die 1917 nach den Marinestreiks exekutiert worden waren, traditionsstiftender seien als die beiden Großadmirale. Diese Äußerung löste Proteste unter den im Saal anwesenden ehemaligen Marineoffizieren aus. Bücher, die nicht das erwünschte positive Bild der Kriegsmarine wiedergaben, wurden in Tageszeitungen und in der *Marine-Rundschau* verrissen. Briefwechsel zwischen ehemaligen Offizieren der Kriegsmarine belegen die Tragweite der Netzwerke. Die Inszenierung einer geschlossenen Gemeinschaft und das Herstellen eines nahtlosen Überganges von der »alten« zur »neuen« Marine blieben für diese ehemaligen

Eklat in Geesthacht

Am 22. Januar 1963 war Karl Dönitz einer Einladung an das Otto-Hahn-Gymnasium in Geesthacht gefolgt. Uwe Barschel, späterer Ministerpräsident von Schleswig-Holstein, hatte sie als Schülersprecher im Namen seines Geschichtslehrers Heinrich Kock ausgesprochen. Kock, CDU-Mitglied, war von 1958 bis 1962 Mitglied des schleswig-holsteinischen Landtages gewesen und dann wieder in den Schuldienst zurückgekehrt. Dönitz referierte zum Thema »Der 30. Januar 1933 und seine Folgen« vor den Klassen neun bis dreizehn. Vorbereitet hatte man die Schülerinnen und Schüler auf diese Veranstaltung nicht.

Nachdem die Bergedorfer Zeitung einen Bericht über diese Veranstaltung als »Geschichtsunterricht in höchster Vollendung« veröffentlicht hatte, griffen auch andere nationale wie internationale Zeitungen den Fall auf. Die Kieler Landesregierung musste sich unangenehmen Fragen von Reportern stellen. Nachdem ein Vertreter des Kultusministeriums den Schulleiter des Gymnasiums, Georg Rühsen, aufgesucht sowie mit schweren Vorwürfen überhäuft und ihn die Wochenzeitung *Die Zeit* als »Nazi-Freund« bezeichnet hatte, beging Rühsen Selbstmord. Er ertränkte sich in der Elbe. Seine Leiche fand man erst am 25. April 1963.

Marinekreise handlungsleitend. Dazu zählte auch der inszenierte Auftritt von Raeder und Dönitz 1957 in der Wilhelmshavener Christus-Kirche anlässlich der Einweihung eines Ehrenmals für die Opfer des Seekrieges aller Nationen.

Der Einfluss der Netzwerke schwand im Laufe der Jahre mehr und mehr. Dönitz hatte sich nach einem Vorfall an einem Gymnasium in Geesthacht Anfang der 1960er Jahre aus der Öffentlichkeit zurückgezogen, empfing allerdings bis in die 1970er Jahre die Admiralstabslehrgänge der Führungsakademie in seinem Zuhause in Aumühle; diese verordneten Besuche endeten, als sich angehende Admiralstabsoffiziere immer häufiger weigerten. In der demokratischen Bundesrepublik Deutschland kam Dönitz nie an. Bis zum Schluss betrachtete er sich als einzig legitimes deutsches Staatsoberhaupt. Noch kurz vor seinem Tod 1980 formulierte er diese Position in einem Brief an den Bundespräsidenten. Im Bundespräsidialamt nahm man Dönitz' Schreiben unaufgeregt zu den Akten. Das Bundesministerium der Verteidigung verbot Bundeswehrangehörigen später die Teilnahme in Uniform an seiner Beisetzung.

»Nein! So war das nicht!«

Seit der Gründung der Bundeswehr mussten sich hohe Offiziere, die in die neuen Streitkräfte eintreten wollten, kritischen Fragen eines Personalgutachterausschusses stellen. Nicht alle wurden zugelassen. Diejenigen, die in die Streitkräfte übernommen wurden, haben sich um den Aufbau der Bundeswehr Verdienste erworben und größtenteils durch ihr Verhalten bewiesen, dass sie die demokratischen Strukturen verstanden und damit jene Umkehr versuchten, zu der andere Ehemalige nicht in der Lage waren. Viele, die dies nicht konnten oder nicht wollten, feilten stattdessen mit großer Detailverliebtheit an ›ihrer‹ Geschichte. Dabei wurden zumeist Einzelbeispiele verallgemeinernd auf das Tun und Wirken der gesamten Kriegsmarine übertragen.

Da es noch keinen freien Zugang zu den Akten gab, stützten sich die Erzählungen auf persönliche Erinnerungen und zufällig erhaltene privat-dienstliche Schreiben. Als in den 1970er Jahren erstmals Historiker die freigegebenen Akten sichten konnten, ergab sich teilweise ein anderes Bild als das bisher überlieferte. Wie ehrgeizig einige Ehemalige für

Lothar-Günther Buchheim (1918–2007) war als Kriegsberichterstatter an Bord von U 96. Er rief mit seinem Roman *Das Boot* bei vielen Ehemaligen Unverständnis hervor.

›ihre‹ Marinegeschichte kämpften, zeigten auch die Auseinandersetzungen um Lothar-Günther Buchheims später verfilmten Roman *Das Boot*. Mit dem etwas reißerischen Titel: »Wir U-Boot-Fahrer sagen: Nein! So war das nicht! Eine Anti-Buchheim-Schrift« griffen Ehemalige das Buch an.

Buchheim war dabei gewesen – bei der Atlantikschlacht. Als Kriegsberichterstatter, der Texte verfasste, die auf der NS-Linie lagen, ließ er sich trotz der hohen Verluste der U-Boot-Waffe zuteilen. Am 27. Oktober 1941 lief er mit U 96 unter dem Kommando von Kapitänleutnant Heinrich Lehmann-Willenbrock aus Saint-Nazaire zur siebten Unternehmung des Bootes aus. Darauf fußt der Großteil seines 1973 erschienen Romans. Buchheim verarbeitete darin seine Erlebnisse an Bord: den Gammeldienst, das Warten auf gegnerische Konvois, die Angriffe mit Wasserbomben, das Bangen und Hoffen und das Entkommen vor dem Gegner in dem fiktiven U-Boot namens U A. Aber auch seine Beobachtungen von Obszönem oder Skurrilem sowie die Seelen- und Gewissenszustände von Kommandant und Besatzung flossen in seine Erzählung ein.

Ehemalige U-Boot-Marineoffiziere begannen umgehend, Buchheims Aussagen zu entkräften oder ihm Ungenauigkeiten nachzuweisen – verkannten dabei aber, dass ein Roman anderen Grundregeln folgt. »So war das nicht!«, sagten auch diejenigen, die nicht persönlich

Blick in den Maschinenraum von U 96, Filmszene aus *Das Boot*, der 1980 in die Kinos kam. Neben dem Film wurde auch eine dreiteilige Fernsehfassung gedreht.

dabei gewesen waren und sonst die Meinung vertraten, nur wer dabei gewesen sei, könne auch berichten. Der Hang, eigene Erlebnisse zu verallgemeinern, bestimmte die Debatte gegen Buchheim. Ihn bekümmerte diese verdrehte Welt. Er fühlte sich bedroht; langjährige Freundschaften zerbrachen, auch die zu Lehmann-Willenbrock. Buchheim hat nie beansprucht, dass sein Roman *die* Wahrheit spiegele. Er gab lediglich *seine* Wahrheit, Wahrnehmung und Verarbeitung wieder. Dennoch folgte er auch dem Zeitgeist der 1970er Jahre, sich mit der Vergangenheit schonungslos auseinanderzusetzen.

Der große Erfolg des Romans verblüffte Verlag und Autor gleichermaßen. 1981 verfilmte Regisseur Wolfgang Petersen das Buch. Der zunächst besonders in den USA und Großbritannien erfolgreiche Kinofilm, vor allem aber die 1985 in Deutschland ausgestrahlte mehrteilige Fernsehfassung vermitteln einen authentischen Eindruck des U-Boot-Krieges im Atlantik.

Was bleibt von der Atlantikschlacht?

Während des Zweiten Weltkrieges war der Atlantik für die Kriegsmarine nur einer von vielen Kriegsschauplätzen. Auch im europäischen Nordmeer, in der Nord- und Ostsee, im Mittelmeer und im Indischen Ozean sowie in Fernost waren deutsche Einheiten präsent. Aber gerade die Schlacht im Atlantik war für die Kriegführung des Deutschen Reiches von entscheidender Bedeutung, da dort die Versorgungslinien zu den britischen Inseln verliefen. Die Konvoirouten im Atlantik bildeten die Lebensadern der Alliierten. Den Deutschen gelang es nicht, diese zu unterbrechen. Darüber können auch einzelne erfolgreiche Operationen nicht hinwegtäuschen.

So einseitig die Kriegsmarine operativ zu Beginn des Krieges darauf ausgerichtet war, Handelskrieg zu führen, so schwer erreichbar war das strategische und langfristige Ziel. Raeder rechnete mit einem begrenzten Krieg auf dem Kontinent, in dem die Kriegsmarine keine bedeutende Rolle spielen würde. Am 3. September 1939 war auch ihm klar, dass der bevorstehende Krieg der Marine mehr abverlangen würde, als sie leisten konnte. Die Anfangserfolge der Wehrmacht und der rasche Sieg im Westen 1940 schufen zunächst neue geostrategische Möglichkeiten

Gedenkstätte für die auf See Gebliebenen aller Nationen und zugleich Mahnmal für eine friedliche Seefahrt auf freien Meeren: das Marine-Ehrenmal in Laboe.

für einen effizienteren Einsatz im Kampf gegen die gegnerischen Handelsschiffe. Dabei blieb Raeder aber der Idee verhaftet, diesen Kampf mit Großkampfschiffen zu führen, deren Bau wertvolle Ressourcen verschlang und vor allem Zeit kostete. Hier schimmern jene Großmacht- und Weltmachtgedanken durch, die einst die Kaiserliche Marine unter Alfred von Tirpitz und Kaiser Wilhelm II. hegte und von denen sich Raeder nur schwer lösen konnte. Das Fehlen von Marineluftstreitkräften und die damit verbundenen ständigen Ressortstreitigkeiten mit der Luftwaffe waren für ihn ebenso beschwerlich wie das »Hineinregieren« von Hitler, der, wie sein Marineadjutant Karl-Jesko von Puttkamer nach dem Krieg schrieb, die See nicht verstanden hatte.

Der Versuch der Kriegsmarine, die geografische Enge der Nordsee zu überwinden, gelang erst mit der Besetzung Norwegens, die neue Wege in den Operationsraum Atlantik eröffnete. Aber wie im Ersten Weltkrieg stellte die Versorgung der in verschiedenen Seegebieten stehenden Einheiten die Marine vor besondere Herausforderungen. Auffällig ist auch, dass die Seekriegsleitung ihre Einheiten ressortbegrenzt und kleinteilig führte. Ständige Lageberichte, Befehle für neue Einsatzräume und Tagesbefehle überlasteten die deutschen Funknetze. Dass es den Alliierten auch deswegen möglich war, deutsche Einheiten aufzuklären, hat gerade der Marine-Nachrichtendienst lange nicht erkannt.

Neben den zahlreichen taktischen Erfolgen, die deutsche Einheiten im Atlantik erzielen konnten, war der Seekrieg geprägt von Fehleinschätzungen und teilweise kurzfristig angelegten Operationsplanungen. Eine strategische Ausrichtung war nicht erkennbar, darüber können auch manche taktischen Erfolge nicht hinwegtäuschen. Dass der verantwortliche Oberbefehlshaber den Tod Zehntausender als »Opfergang« verklärte, in einer Phase, als der Krieg längst verloren war, zeigt die tiefe Verstrickung der Kriegsmarine in den Expansions-, Raub- und Vernichtungskrieg des NS-Regimes.

Zehntausende Seeleute und Marineangehörige vieler Nationen verloren im Atlantik ihr Leben. Unzählige Schiffswracks, die Vereinten Nationen gehen von drei Millionen aus, liegen heute in den Tiefen des

Das Marinedenkmal in Portsmouth erinnert an die fast 15 000 verstorbenen Seeleute des Zweiten Weltkriegs, die, wie die Besatzungsmitglieder der »HMS Hood«, kein bekanntes Grab haben.

Meeres. Es ist der See eigen, dass sie nur selten Ertrunkene und Gefallene wieder freigibt. Für die Angehörigen ist das schwer erträglich, fehlt ihnen doch ein Trauerort. Die Mahnmale für die auf See Gebliebenen in Kiel-Laboe, Möltenort oder Portsmouth spenden immerhin Linderung und Trost; sie sind Orte der Trauer und des Gedenkens, aber auch Stätten der Mahnung. Und immer dann, wenn ein Wrack gefunden und identifiziert wird, haben die Angehörigen der Toten zumindest Gewissheit, wo sich der Sterbeort befindet. Ein Ort, der dennoch unerreichbar ist.

Schiffswracks werden immer wieder zu geschützten Stätten erklärt, um die Totenruhe derer zu wahren, die in den Schiffen und Booten ums Leben gekommen sind. Diesen sei das Buch gewidmet.

Anhang

Zeittafel

1933

30. Januar	Reichspräsident Paul von Hindenburg ernennt den »Führer« der NSDAP, Adolf Hitler, zum Reichskanzler.

1935

18. Juni	Deutsch-Britisches Flottenabkommen. Das Deutsche Reich erklärt sich bereit, die Stärke seiner Flotte bei Großkampfschiffen auf 35 Prozent der Royal Navy zu beschränken. Bei U-Booten ist Parität vorgesehen.

1939

27. Januar	Hitler unterzeichnet den »Z-Plan«. Dieser sieht ein großes Aufrüstungsprogramm der Kriegsmarine bis 1945/46 vor.
11. April	Hitler befiehlt der Wehrmacht die Ausarbeitung eines Operationsplans gegen Polen (»Fall Weiß«).
19. August	14 deutsche U-Boote laufen zur Handelskriegführung in den Atlantik aus.
21. August	Panzerschiff »Admiral Graf Spee« läuft zur Handelskriegführung in den Südatlantik aus.
24. August	Panzerschiff »Deutschland« läuft zur Handelskriegführung in den Atlantik aus.
1. September	Das Deutsche Reich überfällt Polen. Beginn des Zweiten Weltkrieges, das Schulschiff »Schleswig-Holstein« beschießt polnische Stellungen auf der Westerplatte in Danzig.
3. September	Großbritannien und Frankreich erklären dem Deutschen Reich den Krieg. U 30 versenkt das Passagierschiff »Athenia« vor der irischen Nordküste. 112 Passagiere und Besatzungsangehörige kommen ums Leben.

14. Oktober U 47 versenkt das Flaggschiff der Royal Navy, »HMS Royal Oak«, im Hauptstützpunkt der britischen Home Fleet, Scapa Flow.

26. September – 13. Dezember Panzerschiff »Admiral Graf Spee« führt Handelskrieg im Südatlantik und im Indischen Ozean.

17. Dezember Selbstversenkung der »Admiral Graf Spee« im Rio de la Plata

1940

9. April Das Deutsche Reich überfällt Dänemark und Norwegen (Unternehmen »Weserübung«). Die Kriegsmarine verliert im Laufe der Kämpfe ca. 1/3 ihrer Überwasserstreitkräfte.

10. Mai Das Deutsche Reich überfällt die Niederlande und Belgien. Beginn der Operationen gegen Frankreich.

11. Juni Italien tritt an der Seite des Deutschen Reiches in den Krieg gegen Frankreich und Großbritannien ein. Damit wird das Mittelmeer zum Kriegsgebiet.

25. Juni Deutsch-Französischer Waffenstillstand. Die Wehrmacht besetzt weite Teile Frankreichs, die Kriegsmarine die wichtigsten Häfen am Ärmelkanal und an der Atlantikküste.

1941

30. November 1940 – 28. März Der Schwere Kreuzer »Admiral Hipper« führt mit zeitweiligen Aufenthalten in Brest Handelskrieg im Atlantik.

28. Dezember 1940 – 22. März Unternehmen »Berlin«: Die Schlachtschiffe »Gneisenau« und »Scharnhorst« brechen zur Handelskriegführung in den Atlantik durch, greifen alliierte Geleitzüge an und laufen anschließend in Brest ein.

1941–1943 U-Boote greifen alliierte Geleitzüge im Atlantik an.

18.–27. Mai Unternehmen »Rheinübung«: Das Schlachtschiff »Bismarck« und der Schwere Kreuzer »Prinz Eugen« laufen zur Handelskriegführung in den Atlantik aus.

24. Mai — Die »Bismarck« versenkt den britischen Schlachtkreuzer »HMS Hood«.

27. Mai — Überlegene britische Seestreitkräfte versenken die »Bismarck« im Atlantik.

22. Juni — Das Deutsche Reich überfällt die Sowjetunion (»Fall Barbarossa«).

8. Dezember — Japan greift die Vereinigten Staaten von Amerika ohne vorherige Kriegserklärung an. Überfall auf den Stützpunkt der US-Pazifikflotte in Pearl Harbour/Hawaii.

11. Dezember — Das Deutsche Reich erklärt den Vereinigten Staaten von Amerika den Krieg.

1942

11.–13. Februar — Unternehmen »Cerberus«: »Scharnhorst«, »Gneisenau« und »Prinz Eugen« brechen von Brest aus durch den Ärmelkanal zurück in die Nordsee durch.

31. Dezember — Unternehmen »Regenbogen«: Die Schweren Kreuzer »Admiral Hipper« und »Lützow« greifen erfolglos einen alliierten Konvoi vor Norwegen an. Die »Admiral Hipper« wird dabei beschädigt.

1943

30. Januar — Der bisherige Befehlshaber der U-Boote, Konteradmiral Karl Dönitz, wird unter Beförderung zum Großadmiral Oberbefehlshaber der Kriegsmarine anstelle von Großadmiral Erich Raeder.

März–Mai — Höhepunkt der Geleitzugschlachten im Atlantik, nach schweren Verlusten im Mai 1943 von Dönitz abgebrochen

26. Dezember — Unternehmen »Ostfront«: Die »Scharnhorst« greift erfolglos alliierte Konvois vor Nordnorwegen an und wird dabei von »HMS Duke of York« versenkt.

1944

6. Juni	Landung der Alliierten in der Normandie. Rückzug der U-Boote aus Frankreich und Verlegung nach Norwegen
12. November	Britische Flugzeuge versenken die »Tirpitz« bei Tromsö.

1945

8. Mai	Kapitulation des Deutschen Reiches

Literaturhinweise

Bird, Keith W.: Erich Raeder. Admiral of the Third Reich. Annapolis 2006.

Blair, Clay: Der U-Boot-Krieg 1939–1945. 2 Bde. München 1998/1999.

Brennecke, Jochen: Die Deutschen Hilfskreuzer im Zweiten Weltkrieg. Hamburg ^{4}2001.

Buchheim, Lothar-Günther: U-Boot-Krieg. Mit einem Nachwort von Michael Salewski. München ^{4}1991.

Gröner, Erich / Jung, Dieter: Die Schiffe der deutschen Kriegsmarine und Luftwaffe 1939–1945 und ihr Verbleib. Bonn 2001.

Hartwig, Dieter: Großadmiral Karl Dönitz. Legende und Wirklichkeit. Paderborn u. a. 2010.

Hellwinkel, Lars: Hitlers Tor zum Atlantik. Die deutschen Marinestützpunkte in Frankreich 1940–1945. Berlin 2012.

Hubatsch, Walther: »Weserübung«. Die deutsche Besetzung von Dänemark und Norwegen 1940. Göttingen 1960.

Kaack, Hans-Jürgen: Kapitän zur See Hans Langsdorff. Der letzte Kommandant des Panzerschiffs Admiral Graf Spee. Eine Biographie. Paderborn 2019.

Ottmer, Hans-Martin: »Weserübung«. Der deutsche Angriff auf Dänemark und Norwegen im April 1940. München 1994.

Rahn, Werner: Der Seekrieg im Atlantik und Nordmeer. In: Das Deutsche Reich und der Zweite Weltkrieg. Hrsg. vom Militärgeschichtlichen Forschungsamt. Bd. 6: Der globale Krieg. Die Ausweitung zum Weltkrieg und der Wechsel der Initiative 1941–1943. Stuttgart 1990. S. 275–425.

– Die deutsche Seekriegführung 1943 bis 1945. In: Das Deutsche Reich und der Zweite Weltkrieg. Hrsg. vom Militärgeschichtlichen Forschungsamt. Bd. 10/1: Die militärische Niederwerfung der Wehrmacht. München 2008. S. 3–273.

Rohwer, Jürgen: Geleitzugschlachten im März 1943. Führungsprobleme im Höhepunkt der Schlacht im Atlantik. Stuttgart 1975.

Rohwer, Jürgen / Hümmelchen, Gerhard: Chronik des Seekrieges 1939–1945. Oldenburg u. a. 1968.

Roskill, Stephen: Royal Navy. Britische Seekriegsgeschichte 1939–1945. Oldenburg 1961.

Rösler, Eberhard: Geschichte des deutschen U-Bootbaus. 2 Bde. Bonn 1996.

Salewski, Michael: Die deutsche Seekriegsleitung 1935–1945. 3 Bde. München u. a. 1970–1975.

Schulze-Wegener, Guntram: Die deutsche Kriegsmarine-Rüstung 1942–1945. Hamburg u. a. 1997.
Wagner, Gerhard (Hrsg.): Lagevorträge des Oberbefehlshabers der Kriegsmarine vor Hitler 1939–1945. München 1972.

Abbildungsnachweis

akg-images: 44; 80/81; 85; 88; 94/95; 109 picture-alliance / WZ-Bilddienst; 111 TT News Agency / SVT; 124 Fotoarchiv für Zeitgeschichte; 133

Bridgeman Images: 28 Photo Josse

Bundesarchiv Bildarchiv: 13 Bild 146-1977-035-35 / o. Ang.; 15 Bild 101II-MN-1365-27A / Rudolf Peter; 41 Bild 101II-MW-2322-23 / o. Ang.; 42 Bild 101II-MW-5683-21 / o. Ang.; 57.2 Bild 101II-MN-1361-21A / Walter Winkelmann; 68 Bild 101II-MW-1019-21 / Dietrich; 83 Bild 101II-MW-4835-18 / Rempel; 135 Bild 183-V01032-3 / o. Ang.; 136 Bild 185-23-21 / Johann Seubert

bpk Bildagentur: 9.1. und 9.2. Bayerische Staatsbibliothek | Archiv Heinrich Hoffmann; 123 Weinkauf

Oliver Krauß: 34 und 47 Foto-Nachlass Admiral Peter

Picture alliance: 33 WZ-Bilddienst | WZ-Bilddienst; 105 TopFoto | TopFoto; 113 WZ-Bilddienst | WZ-Bilddienst; 120 SULUPRESS.DE | Joerg Waterstraat / SULUPRESS.DE; 126 Photo12 | Coll-DITE/USIS; 127 Usis-Dite/Leemage | ©Usis-Dite/Leemage; 131 Usis-Dite/Leemage | ©Usis-Dite/Leemage; 143 dpa | Hans_Duerrwald; 144 dpa | dpa; 146 ZB/euroluftbild.de | euroluftbild.de / Martin Elsen; 147 imageBROKER | Peter Noyce

ullstein bild: 7 Heinrich Hoffmann; 11; 14 TopFoto; 24; 27; 32 LEONE; 45; 46; 52; 57.1; 59 mirrorpix; 61 TopFoto; 65; 70; 73; 78 Granger, NYC; 89; 97 imageBROKER / Karl F. Schöfmann; 101; 115; 117; 118; 129 mirrorpix; 132 Photo12

Süddeutsche Zeitung Photo: 19 Scherl; 20 Scherl; 22 United Archives / TopFoto; 38 Scherl; 58 Scherl; 62 Rue des Archives / Tallandier; 63 Scherl; 90 National Media Museum / SSPL; 92 Scherl; 93 Rue des Archives; 122 Fotoarchiv für Zeitgeschichte / Ar; 128 Rue des Archives / Tallandier

Wikimedia Commons: 50 https://commons.wikimedia.org/wiki/File:Admiral_Hipper_cruiser_in_dry_dock_at_Brest_1941.jpg | P/O J.D. Chandler, No. 1 PRU, RAF; 99 https://commons.wikimedia.org/wiki/File:U-156_37-35_Laconia_1942_09_15.jpg | Oblt. z. S. Leopold Schuhmacher; 112 https://commons.wikimedia.org/wiki/File:Survivors_of_the_SCHARNHORST_under_guard_on_the_catapult_deck_of_HMS_DUKE_OF_YORK_at_Scapa_Flow_after_the_sinking_of_the_German_warship_on_26_December_1943.jpg | Royal Navy official photographer

Personenregister